BLAUE
REIHE

Weiterführend empfehlen wir:

Wirkungsorientiertes Controlling in Sozialunternehmen
ISBN 978-3-8029-5470-2

Strategisches Management im Sozialen Bereich
ISBN 978-3-8029-5473-3

Kostenmanagement in Sozialunternehmen
ISBN 978-3-8029-5469-6

Leitbild- und Konzeptentwicklung
ISBN 978-3-8029-5441-2

Qualitätsmanagement in Sozialunternehmen
ISBN 978-3-8029-5472-6

Marketing im Sozialen Bereich
ISBN 978-3-8029-5442-9

Wir freuen uns über Ihr Interesse an diesem Buch. Gerne stellen wir Ihnen zusätzliche Informationen zu diesem Programmsegment zur Verfügung.

Bitte sprechen Sie uns an:
E-Mail: WALHALLA@WALHALLA.de
http://www.WALHALLA.de

Walhalla Fachverlag · Haus an der Eisernen Brücke · 93042 Regensburg
Telefon (0941) 56 84-0 · Telefax (0941) 56 84-111

Gerhard Gruber

WIRKUNGSORIENTIERTE LEISTUNGSMESSUNG: DER BALANCED PERFORMANCE REPORT

Der Weg zu einem ganzheitlichen
Performance Measurement System
für Social-Profit-Organisationen

Bibliografische Information der Deutschen Nationalbibliothek

Die Deutsche Nationalbibliothek verzeichnet diese Publikation in der Deutschen Nationalbibliografie; detaillierte bibliografische Daten sind im Internet über http://dnb.dnb.de abrufbar.

Zitiervorschlag:

Gruber, G. (2018): Wirkungsorientierte Leistungsmessung: Der Balanced Performance Report, Regensburg 2018

Herausgeber der BLAUEN REIHE sind:

- Prof. Dr. Paul Brandl, Fachhochschule Oberösterreich
- Prof. Dr. Astrid Herold-Majumdar, Hochschule für angewandte Wissenschaften München
- Prof. Dr. Thomas Prinz, Fachhochschule Oberösterreich
- Prof. Dr. Klaus Schellberg, Evangelische Hochschule Nürnberg
- Prof. Dr. Armin Schneider, Hochschule Koblenz

Weitere Infos zum Herausgeber-Team und zur BLAUEN REIHE finden Sie unter: www.fokus-sozialmanagement.de

Hinweis: Unsere Werke sind stets bemüht, Sie nach bestem Wissen zu informieren. Alle Angaben in diesem Buch sind sorgfältig zusammengetragen und geprüft. Durch Neuerungen in der Gesetzgebung, Rechtsprechung, neue wissenschaftliche Erkenntnisse sowie durch den Zeitablauf ergeben sich zwangsläufig Änderungen. Bitte haben Sie deshalb Verständnis dafür, dass wir für die Vollständigkeit und Richtigkeit des Inhalts keine Haftung übernehmen.

Produktion: Walhalla Fachverlag, 93042 Regensburg
Umschlaggestaltung: grubergrafik, Augsburg
Printed in Germany
ISBN 978-3-8029-5479-5

SBL-CPI-1118-25268-Q

Inhaltsverzeichnis

Abbildungsverzeichnis

Tabellenverzeichnis

Abkürzungsverzeichnis

AG	Auftraggeber
AV	Arbeitsverhältnis
BH	Bezirkshauptmannschaft
BL	Bereichsleitung
BSC	Balanced Scorecard
CO	Controlling
DB	Deckungsbeitrag
DG	Dienstgeber
DM	Datenmanagement
DN	Dienstnehmer
EDV	Elektronische Datenverarbeitung
F & E	Forschung und Entwicklung
FGK	Fertigungsgemeinkosten
FH	Fachhochschule
FK	Führungskraft
FS	Fachstelle
GF	Geschäftsführung
gGmbH	Gemeinnützige Gesellschaft mit beschränkter Haftung
h	Stunden
IKM	Informations- und Kommunikationsmanagement
IKT	Informations- und Kommunikationstechnik
Int	Interview
K	Krankenstand
KL	Klienten
KoRe	Kostenrechnung
K-P-L	Kunden, Produkte & Leistungen
LW	Leistungswirkung
LWM	Leistungswirkungsmessung
MA	Mitarbeiter

M-R-I	Mitarbeiter, Ressourcen & Innovation
NPO	Nonprofit-Organisation
OÖ	Oberösterreich
P	Prozesse
PE	Personaleinheit
PERS	Personalwesen
PM	Performance Measurement
PO	Profit-Organisation
PSP	Projektstrukturplan
rel	relative
RK	Reisekosten
ROI	Return on Investment
SPO	Social-Profit-Organisation
SROI	Social Return on Investment
TL	Teamleiter
VtGK	Vertriebsgemeinkosten
VVGK	Verwaltungs- und Vertriebsgemeinkosten
VwGK	Verwaltungsgemeinkosten
W	Wirtschaftlichkeit
WB	Weiterbildung
Wo	Woche
WTg	Wohntage

Begriffsdefinitionen

Unter Sozialorganisationen werden im Folgenden diejenigen Institutionen verstanden, bei denen die Gewinnorientierung nicht das vorrangige Ziel ihrer Arbeit darstellt und mögliche Gewinne nicht an ihre Mitglieder ausgeschüttet werden dürfen.

Diese Institutionen werden im allgemeinen Sprachgebrauch Nonprofit-Organisationen oder auch Not-for-Profit-Organisationen genannt.[1] Ich bezeichne diese in den nachfolgenden Ausführungen als Social-Profit-Organisationen (SPO), da diese Bezeichnung das Wesen dieser Institutionen besser beschreibt[2] sowie die negative Konnotation „kein Geld verdienen zu wollen oder zu können" vermeidet.

Unter kleinen Social-Profit-Organisationen werden diejenigen verstanden, welche weniger als 50 Mitarbeiter beschäftigen, unter mittleren diejenigen, welche weniger als 250 Mitarbeiter beschäftigen.

Unter Performance Measurement wird die mehrdimensionale Messung und Beurteilung von Leistungen, Leistungspotenzialen und Leistungsbereitschaft verstanden.[3]

Die Begriffe wirkungsorientierte Leistungsmessung und Leistungswirkungsmessung werden synonym verwendet.

Um den Lesefluss zu erleichtern wurde auf gendergerechte Schreibweise verzichtet.

---

[1] Vgl. Stoll (2013), 22 f.
[2] Vgl. Gaudiani (2007).
[3] Vgl. Greiling (2009), 103 f.

Vorwort

Veränderte Rahmenbedingungen, vor allem die Neuorientierung des öffentlichen Sektors, welche mit dem Begriff „Ökonomisierung" treffend beschrieben werden kann, haben auf Social-Profit-Organisationen erhebliche Auswirkungen.

Diese Neuorientierung zeigt sich in der Entwicklung der öffentlichen Verwaltungen vom Bürokratiemodell zum, an Konzeptionen privatwirtschaftlicher Unternehmen angelehnten, New Public Management.

Dieser Paradigmenwechsel bewirkt eine Veränderung der Beziehung zwischen der öffentlichen Hand als Kostenträger sozialer Dienstleistungen und Social-Profit-Organisationen als deren Anbieter. Die Finanzierung dieser sozialen Dienstleistungen, die bisher häufig dem Gießkannenprinzip folgte, wird nun mehr und mehr von der wirtschaftlichen Argumentation und der Frage nach Wirkung abhängig gemacht.

Auch entsteht durch diese veränderten Beziehungen ein verstärkter Wettbewerb zwischen den Anbietern sozialer Dienstleistungen. Zudem drängen Start-Ups auf den Markt, die sich dem „Sozialunternehmertum" verschrieben haben und den traditionellen sozialen Organisationen auf dem Sozialmarkt Konkurrenz machen.

Eine weitere Herausforderung für Social-Profit-Organisationen ist die – zumindest in Österreich – aktuell dominierende neoliberale Werthaltung der politischen Systeme und die daraus resultierenden Beschränkungen der Haushalte des Bundes, der Länder sowie der Kommunen, die sich in, zum Teil massiven, Kürzungen der Gesundheits- und Sozialbudgets ausdrückt.

Gleichzeitig lässt sich ein gesellschaftlicher Wandel feststellen, der auch zur Entsolidarisierung führt und mit einem einher gehenden Vertrauensverlust die Social-Profit-Organisationen letztlich einem gesteigerten Rechtfertigungsdruck seitens ihrer Stakeholder und auch der Steuerzahler aussetzt.

Die genannten Entwicklungen verlangen von Social-Profit-Organisationen nun verstärkt die Professionalisierung ihrer Zielsetzungs-, Steuerungs- und Kontrollprozesse, um ihre strategischen Ausrichtungen diesen veränderten Rahmenbedingungen anzupassen. Nur so werden sie weiterhin ihrem Auftrag und ihren Zielgruppen

effektiv und effizient entsprechen können und damit ihre Zukunftsfähigkeit sichern.

Um diesen vielfältigen Ansprüchen gerecht zu werden, ist es un-
umgänglich, ein System in die Organisation einzuführen, das die
Leistungen und deren Wirkung misst. Ein solches Performance
Measurement System muss dabei selbstverständlich auf die eben
dargestellten neuen Entwicklungen und die daraus entstehenden
Herausforderungen Rücksicht nehmen.

Dieses Buch soll nun einerseits Social-Profit-Organisationen bei der
Entwicklung eines an ihre Bedürfnisse angepasstes, praxisrelevantes
Performance Measurement System unterstützen und andererseits
über aktuelle Möglichkeiten, aber auch Grenzen der wirkungsorientierten Leistungsmessung informieren. Dabei nehme ich Bezug auf
meine Studien sowie den gemachten Erfahrungen nach mittlerweile
25-jähriger Beschäftigung in und mit Social-Profit-Organisationen.

Im vorliegenden Buch stelle ich die Entwicklung eines praxisrelevanten, wirkungsorientierten Performance Measurement Systems am
Beispiel einer mittelgroßen Social-Profit-Organisation vor, die ich
begleitet habe. Um dem Anspruch an Verschwiegenheit zu genügen,
werde ich für diese Organisation das Synonym „Gemeinnützige Organisation" verwenden; Namen von Personen, Projekten und Maßnahmen aus dem Projekt wurden selbstverständlich anonymisiert.

Diese neu entwickelte wirkungsorientierte Leistungsmessung nenne
ich „Balanced Performance Report". Nach meiner Überzeugung
überwindet dieses Tool manche Nachteile bestehender Methoden
und ermöglicht weitere erfolgsrelevante Implikationen. Es hebt sich
daher – insbesondere aufgrund seines hohen Praxis- und Rückkop-
pelungsbezugs innerhalb der Organisation – von bestehenden Instrumenten der wirkungsorientierten Leistungsmessung ab.

Meine Ziele bei der Entwicklung waren:

- Die co-kreative Entwicklung eines praxisrelevanten, wirkungsorientierten Performance Measurement Systems zusammen mit
  den Mitarbeitern der Gemeinnützigen Organisation auf Basis
  der in der Organisation bereits vorhandenen Steuerungs- und
  Kontrollinstrumente.

- Die Ableitung von Handlungsempfehlungen bei der Entwicklung von wirkungsorientierten Performance Measurement Systemen für andere Social-Profit-Organisationen.

Im Entwicklungsprozess spielte die Beantwortung folgender Fragen eine große Rolle:

- Welche Kennzahlen und Indikatoren scheinen geeignet, den durch die Sachzieldominanz geprägten Anforderungen einer Social-Profit-Organisation, im Speziellen der Gemeinnützigen Organisation, an ein wirkungsorientiertes Performance Measurement System zu genügen?

- Stoßen Social-Profit-Organisationen bei der wirkungsorientierten Leistungsmessung an Grenzen?

- Welche Konsequenzen können oder müssen daraus gezogen werden?

Aufbau des Buches

Der Prozess der Zielverfolgung sowie die daraus resultierenden Ergebnisse werden in folgenden Kapiteln dargestellt:

- Im ersten Kapitel werden die theoretischen Grundlagen zu Kennzahlen, Kennzahlensystemen bzw. Leistungswirkungsmessungsmodelle (Performance Measurement) dargelegt. Bestehende Modelle werden vorgestellt, kritisch analysiert und zueinander in Bezug gestellt. Besonderes Augenmerk wird dabei auf die Balanced Scorecard gelegt.

- Das zweite Kapitel beinhaltet empirische Untersuchungen, die mir als Grundlage für die Entwicklung eines Leistungswirkungsmessungssystems für eine österreichische Organisation – ich nenne sie im Folgenden Gemeinnützige Organisation dienten. Für Organisationen, die vor dem Schritt stehen, ein PM-System einzuführen oder ein bestehendes System zu „modernisieren", sind diese Erkenntnisse und Schlussfolgerungen sicher dienlich.

- Im dritten Kapitel wird die Entwicklung eines praxisrelevanten und wirkungsorientierten Performance Measurement Systems die Gemeinnützige Organisation vorgestellt.

Aufgrund der vielfältigen Stakeholderinteressen, des Vorrangs der Gemeinwohl- vor den Finanzzielen und gleichzeitig dem Bedürfnis (oder dem Zwang?), die Arbeit der Organisation bzw. deren Geschäftsfelder messen zu können, bestand bei der Gemeinnützigen Organisation Bedarf nach einem Performance Measurement System, welches diesen Rahmenbedingungen und

Anforderungen gerecht wird. Aus diesen Gründen entstand in der Organisation die Idee, ihre zukünftige strategische Ausrichtung mit einer Balanced Scorecard zu unterstützen.

Basierend auf dem Projekt „Führung mit ganzheitlichen Zielen" wurden in einem ersten Projekt die Perspektiven und die strategischen Teilziele definiert, sowie deren Wirkungsgefüge dargestellt. In einem zweiten Projekt wurden die organisationsrelevanten Kennzahlen und Indikatoren identifiziert, deren Messdimensionen, Messfrequenzen und Methoden der Messung definiert, sowie die Verantwortlichkeit für ihre Erhebung festgelegt.

Im Laufe des Projektes zeigte sich, dass eine Balanced Scorecard mit den Bedürfnissen und Werthaltungen der Gemeinnützigen Organisation nicht zur Gänze vereinbar ist. Daher wurde von ihrer weiteren Verfolgung abgesehen.

Stattdessen wurde ein praxisrelevantes, wirkungsorientiertes Performance Measurement System gestaltet, welches aus organisations- und stakeholderrelevanten Perspektiven die in einem Wirkungsgefüge stehenden strategische Teilziele betrachtet. Ich bezeichne dieses System als „Balanced Performance Report".

- Das vierte Kapitel zeigt den möglichen Nutzen und die Grenzen wirkungsorientierter Leistungsmessung für Social-Profit-Organisationen auf.

- Im fünften Kapitel werden, basierend auf den Erkenntnissen des theoretischen, des empirischen und des praxisbezogenen Kapitels Handlungsempfehlungen zur Entwicklung eines praxisrelevanten und wirkungsorientierten Performance Measurement Systems abgeleitet.

Ich hoffe und wünsche mir, dass die Vorstellung des Entwicklungsprozesses des Balanced Performance Reports Ihrer Organisation bei der Befassung mit Leistungswirkungsmessung weiter hilft. Auch wünsche ich mir, dass der Balanced Performance Report, angepasst auf Ihre individuellen Bedürfnisse, eventuell auch in Ihrer Organisation erfolgreich Anwendung findet.

Haslach, im September 2018   *Gerhard Gruber*

„Was man nicht messen kann,
kann man nicht managen"

(Peter F. Drucker)

1. Theoretische Grundlagen

In diesem Kapitel werden die theoretischen Grundlagen dargestellt, die notwendig sind, um zu verstehen, was Performance Measurement in sozialen Organisationen bedeutet und welche Methoden es bereits gibt. Die Vorstellung, kritische Analyse und die Darstellung der Beziehungen untereinander fördert das Verständnis, wie ein praxisrelevantes und wirkungsorientiertes Steuerungssystem aufgebaut und entwickelt sein sollte.

1.1 Performance Measurement

Die Konzepte des Performance Measurement entstanden aus dem Bedarf, Steuerungssysteme zu entwickeln, die – über die Möglichkeiten und Grenzen von Leistungsmanagement (Performance Management) und Führen durch Zielvereinbarung (Management by Objectives) hinaus – auf die Steuerung von Verbesserungsaktivitäten gerichtet sind und so zu Instrumenten der Strategieimplementierung werden sollten.

Die Basis des Performance Measurement bildet die Erfassung und Bewertung von Zuständen und Entwicklungen.[4] Um dies zu ermöglichen, müssen Kennzahlen und Indikatoren definiert werden. Diese müssen in der Lage sein, diejenigen Sachverhalte zu erfassen, welche den Erfolg und so die Zukunftsfähigkeit der Organisation sicherstellen. Diese Kennzahlen und Indikatoren können in Kennzahlensystemen zusammengefasst werden, um die Bewertung zu erleichtern.

Um nun ein Performance Measurement System entwickeln zu können, das diesen Ansprüchen genügt, werden im Folgenden einige Überlegungen zu Kennzahlen und Indikatoren angestellt sowie einige ausgewählte Kennzahlensysteme vorgestellt.

---

[4]   Vgl. Bono (2010), 22.

1.1.1 Kennzahlen und Indikatoren

Kennzahlen können als das zentrale Instrument des Performance Measurement betrachtet werden. Indem sie die Aufgaben der Informationsvermittlung, Kommunikationserleichterung sowie Motivations- und Überprüfungsfunktionen erfüllen[5], ermöglichen sie die Planung und Kontrolle der Organisationsaktivitäten und unterstützen dadurch die Entscheidungsträger in ihrer Steuerungsfunktion.[6]

Hinsichtlich der Aussagekraft ist es wichtig, zwischen Kennzahlen und Indikatoren zu unterscheiden.[7]

- Als Kennzahlen im engeren Sinn werden Maßgrößen bezeichnet, die willentlich stark zu absoluten oder relativen Zahlen verdichtet werden.

- Kennzahlen im weiteren Sinn umfassen für Organisationsanalyse- und -steuerung aufbereitete quantifizierte Informationen.

- Indikatoren sind Ersatzgrößen, welche auf Sachverhalte hinweisen, die sich der unmittelbaren Messung entziehen[8] und daher die Realität nur unvollständig wiedergeben.

Arten und Klassifikation von Kennzahlen

Die Arten von Kennzahlen haben unterschiedliche Aussagekraft. Daher hier ein kurzer Überblick:

Da die methodische Grundlage möglicher Kennzahlenrechnungen die Statistik ist, sollten Kennzahlen der Sach- und der Zahlenlogik entsprechen.

- Die Sachlogik verlangt, dass äquivalente Sachverhalte gleichen Kennzahlenwerten entsprechen.

- Die Zahlenlogik verlangt, dass die sachlogisch eruierten Größen mit adäquaten statistischen Verfahren aufbereitet werden.[9]

---

[5] Vgl. Bono (2006), 152.
[6] Vgl. Bono (2010), 55.
[7] Vgl. Gladen (2014), 9.
[8] Vgl. Bono (2010), 55 f.
[9] Vgl. Gladen (2014), 14 f.

Unter diesen Gesichtspunkten kann nun zwischen absoluten Zahlen und relativen Zahlen wie Gliederungszahlen, Beziehungszahlen und Messzahlen unterschieden werden.[10]

Tabelle 1 zeigt die verschiedenen Arten von Kennzahlen:

Kennzahlenart		Beispiele
Absolute Zahlen	Einzelzahlen	Personalstand
	Summen	Bilanzsumme
	Differenzen	Betriebserlös
	Mittelwert	Ø Personaleinheiten/pa
Gliederungs- zahlen	Kostenstruktur	Personalkosten/Gesamtkosten
	Kapitalstruktur	Eigenkapital/Gesamtkapital
Beziehungs- zahlen	Häufigkeitszahlen	Konsolidierung
	Umsatzrentabilität	Gewinn/Umsatz
	Deckungsrelationen	Kapital/Anlagevermögen
Messzahlen	Messzahl einer Zahlenreihe	Umsatzmesszahl
	Index mehrerer Zahlenreihen	Preissteigerungsindex

Tabelle 1: Arten von Kennzahlen[11]

Absolute Zahlen zeigen, aus wie vielen Elementen eine statistische Menge besteht oder welche Werte Merkmalausprägungen haben. Sie können entweder zeitpunktbezogene Bestandsgrößen (z. B. Bilanzsumme) oder zeitraumbezogene Stromgrößen (z. B. Umsätze) sein. Relative oder Verhältniszahlen liegen dagegen vor, wenn eine statistische Menge an einer anderen statistischen Menge gemessen wird. Diese Mengen können Bewegungsmengen (z. B. Auszahlungen) oder Bestandsmengen (z. B. liquide Mittel) sein.

Gliederungszahlen zeigen den Anteil einer Größe an der Gesamtmenge an. Als Beispiel kann hier der relative Anteil des Eigenkapitals am Gesamtkapital angeführt werden.

---

[10] Vgl. Gladen (2014), 14 ff.
[11] Tabelle verändert entnommen aus: Gladen (2014), 15.

Beziehungszahlen stellen Beziehungen zwischen nicht-gleichen Zahlen verschiedener Grundgesamtheiten her. Hierbei kann unterschieden werden zwischen Zahlen, die

- Bewegungsmengen mit korrespondierenden Mengen in Beziehung setzen (z. B. Weiterbildungstage pro PE),
- Bewegungsmengen mit denen sie verursachenden Bewegungs- oder Bestandsmengen in Beziehung setzen (z. B. Produktivitätskennzahlen),
- Teilmengen einer Gesamtmenge in Beziehung setzen (z. B. Verschuldungsgrad)
- Mengen zu Mengen, die ihr Milieu charakterisieren, in Beziehung setzen (z. B. Kapitalintensität).

Messzahlen können als einfache Messzahlen oder als Indexzahlen auftreten. Im Unterschied zu den einfachen Messzahlen zeigen Indexzahlen den Verlauf mehrerer zusammen gehörender Reihen auf. Als Beispiel für eine Indexzahl kann der Preisindex genannt werden.

Hinsichtlich der bereits beschriebenen Aufgaben von Kennzahlen können sie nun, wie Tabelle 2 zeigt, folgendermaßen klassifiziert werden:[12]

Dimension	Ausprägung
Statistisch/methodisch	absolute Zahl
	relative Zahl
Informationsgehalt	normativ
	deskriptiv
zeitlicher Rahmen	bezogen auf Zeitpunkt
	bezogen auf Zeitspanne
Bezugsgröße	Wert
	Menge
Wahrnehmung	subjektiv
	objektiv

Tabelle 2: Klassifikation von Kennzahlen[13]

---

[12] Vgl. Bono (2006), 152 f.
[13] Tabelle verändert entnommen aus: Bono (2006), 153.

22

Da auf die Dimensionen statistisch/methodisch, zeitlicher Rahmen und Bezugsgröße bereits eingegangen wurde, folgen hier noch kurze Erläuterungen hinsichtlich Informationsgehalt und Wahrnehmung.

Aus der Perspektive des Informationsgehaltes können unterschieden werden:

- normative Kennzahlen, welche anzustrebende Zielmengen oder Zielwerte (z. B. Deckungsbeitrag) vorgeben, und

- deskriptive Kennzahlen, welche einen Sachverhalt (z. B. Mitarbeiterzufriedenheit) beschreiben.

Des Weiteren kann zwischen objektiven und subjektiven Kennzahlen unterschieden werden. Subjektive Kennzahlen, wie etwa die Zufriedenheit der Leistungsempfänger, spielen vor allem für SPOs eine wesentliche Rolle, da die Beurteilung einer Leistung seitens der Leistungsempfänger, der leistungserbringenden SPO und des Kostenträgers durchaus unterschiedlich sein kann. In manchen Fällen scheint es ratsam, die subjektiven Kennzahlen um objektive zu ergänzen, um so den Zusammenhang glaubwürdig darstellen zu können.

Anforderungen an Kennzahlen und Indikatoren

Um ein brauchbares Tool darzustellen, müssen Kennzahlen und Indikatoren folgende spezielle Anforderungen erfüllen:

- Sie müssen den empirischen Kriterien der Reliabilität und Validität genügen.

- Sie müssen unmittelbaren Bezug auf diejenigen Ziele nehmen, welche für die Steuerungsfähigkeit der Adressaten von Bedeutung und beeinflussbar sind.

- Sie müssen verständlich und eindeutig von anderen Kennzahlen und Indikatoren unterscheidbar sein.

- Sie dürfen nicht manipulierbar sein.

- Sie müssen dauerhaft und aktuell verfügbar sein.

Darüber hinaus müssen sie mit vernünftigem Aufwand, also wirtschaftlich, ermittelt werden können.

Entwicklung von Kennzahlen und Indikatoren

Die Grundlage für die Entwicklung der Kennzahlen und Indikatoren stellen quantitative Informationen, sogenannte Basiszahlen dar, welche meist absolute Zahlen sind. Diese können als Strukturzahlen Auskunft über strukturelle Gegebenheiten bieten oder zur Generierung von Kennzahlen und Indikatoren herangezogen werden.[14]

Sofern eine hohe Anzahl an Kennzahlen und Indikatoren vorliegt, ist es sinnvoll, organisationsrelevante Zusammenhänge durch Schlüsselkennzahlen hervorzuheben.

Die beschriebene Methodik wird durch die Abbildung 1 veranschaulicht:

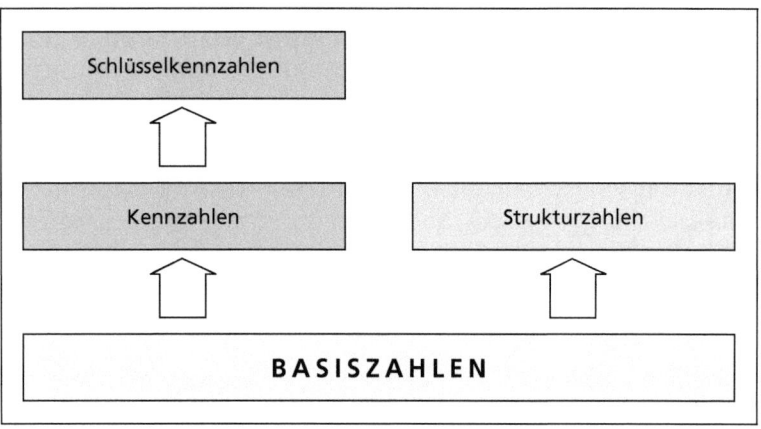

Abbildung 1: Methodik der Kennzahlenentwicklung[15]

Kennzahlen dienen der Informationsentlastung. Sie haben die Aufgabe, das Wesentliche, welches vom Organisationszweck abhängig ist, in einer Zahl zu verdichten. Sie können daher als betriebswirtschaftliche Informationskonzentrate definiert werden.[16]

Diese Informationsentlastung kann durch Verdichtung sowie Selektion herbeigeführt werden.

Die Verdichtung erfolgt durch die Zusammenfassung von Kennzahlen und wird durch qualitative und quantitative Summierung, Aggregierung oder Relativierung der, in Form von Basiszahlen,

---

[14]   Vgl. Bono (2006), 154.
[15]   Abbildung verändert entnommen aus: Bono (2006), 154.
[16]   Vgl. Gladen (2014), 11 ff.

vorhandenen Informationen erreicht. Tabelle 3 zeigt beispielhaft die Möglichkeiten der Verdichtung:

	Summierung	**Aggregierung**	**Relativierung**
Zahlen gleicher Kategorie	Summen od. Differenz-bildung	Konsolidierung	Gliederungs-zahlen
Zahlen unter-schiedlicher Kategorie	z. B. Deckungs-beitragsrech-nung	Funktionen	Beziehungs-zahlen

Tabelle 3: Möglichkeiten der Verdichtung von Kennzahlen[17]

Da die Verdichtung auf interne Daten der täglichen Geschäftsvorgänge zurückgreift, kann nicht ausgeschlossen werden, dass dabei Informationslücken für die strategische Steuerung entstehen, da diese auch externe Quellen berücksichtigen muss (z. B. weitere Organisationsumwelt oder Markt).

Diese Informationslücken können durch Selektion geschlossen werden. „Selektion" ist hier im Sinne des Konzepts selektiver Kennzahlen gemeint. Dieses Konzept betrachtet sowohl die kritischen Erfolgsfaktoren als auch die kritischen Engpässe der Organisation.[18] Dieses Konzept arbeitet also mit strategischen und operativen Kennzahlen, die aus der Vielzahl von Kennzahlen gezielt ausgewählt (selektiert) wurden, und setzt sie zueinander in Bezug.

Wichtig: Die konkrete Entwicklung der Kennzahlen und Indikatoren ist immer individuell und situationsspezifisch, da die Messgröße einen präzisen Bezug zu den Zielen, Strategien, Kunden- und Stakeholderanforderungen der Organisation herstellen muss. Auch eine allgemeingültige Antwort nach der richtigen Anzahl der Kennzahlen gibt es nicht.

---

[17]   Tabelle verändert entnommen aus: Gladen (2014), 12.
[18]   Vgl. Gladen (2014), 13.

1.1.2 Kennzahlensysteme

Einzelne Kennzahlen reichen oft nicht aus, um diese im Organisationsbezug genau beurteilen zu können. Meist ist es erforderlich, mehrere Kennzahlen und Indikatoren zu verwenden. Eine zu hohe Anzahl an Kennzahlen wiederum ist oft mehr verwirrend als kenntnisfördernd und führt zu dem häufig beklagten „Zahlenfriedhof".

In der Betriebswirtschaft wurde früh erkannt, dass eine systematische Verknüpfung von Einzelkennzahlen, also eine Systematisierung und Zusammenfassung in einem Kennzahlensystem sinnvoll ist.[19] Einige Klassiker stelle ich im Folgenden vor.

Architektur von Kennzahlensystemen

Kennzahlensysteme können, wie Abbildung 2 zeigt, abhängig von ihren Aufgabenschwerpunkten in Analyse- und Steuerungs-Kennzahlensysteme gegliedert werden.

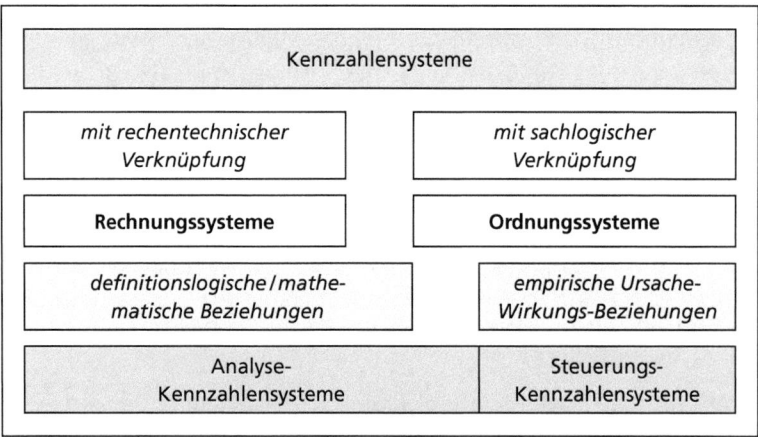

Abbildung 2: Architektur von Kennzahlensystemen[20]

Analyse-Kennzahlensysteme dienen fallweisen Analyse- und Informationsaufgaben. Diese Systeme basieren überwiegend auf formalzielbezogenen Kennzahlen und deren definitionslogischen Beziehungen, welche in einem Rechensystem abgebildet werden und auf rechentechnischen Verknüpfungen und hierarchischen Ordnungen der Kennzahlen aufbauen.

---

[19]   Vgl. Külpmann (2006), 93.
[20]   Abbildung verändert entnommen aus: Gladen (2014), 100.

Steuerungs-Kennzahlensysteme dienen dazu, Oberziele der Organisation auf die Unterziele der nachgelagerten Organisationsebenen herunterzubrechen. Diese Systeme basieren auf – durch empirische Erfahrung bekannten – Ursache-Wirkungs- bzw. Zweck-Mittel-Beziehungen der Kennzahlen, welche in einem sachlogisch strukturierten Ordnungssystem abgebildet werden.

Anforderungen an Kennzahlensysteme

Wer eigene Kennzahlensysteme entwickelt oder bestehende Systeme anpassen bzw. weiterentwickeln will, sollte bei der Bildung von Kennzahlensystemen die folgenden Anforderungen beachten:[21]

- Objektivität und Widerspruchsfreiheit

  um die Beliebigkeit von Interpretationen und widersprüchliche Aussagen zu vermeiden.

- Einfachheit und Klarheit

  um die Ordnung zu fördern und so auch eine große Anzahl von Kennzahlen zu ermöglichen ohne diffus zu werden.

- Informationsverdichtung

  um die oberen Managementebenen zu entlasten.

- Multikausalität

  durch hierarchisch angeordnete Ebenen in Analyse-Kennzahlensystemen zu ermöglichen.

- Systemoffenheit

  um die Indikatorfunktion erfüllen zu können.

- Partizipation

  um einerseits das dezentral verteilte Wissen der fachlich spezialisierten Mitarbeiter zu nutzen und andererseits ihr Commitment zu den Zielgrößen herzustellen.

Bei der Entwicklung von Kennzahlensystemen ist es zudem sinnvoll, vorerst die Kennzahlen und Indikatoren durch Zuordnung zu bestimmten Sachverhalten zusammenzufassen, anschließend ihre Abhängigkeiten voneinander abzubilden und sie letztlich hierarchisch zu gliedern.

Im Folgenden werden nun einige „Klassiker" von Kennzahlensystemen vorgestellt.

---

[21] Vgl. Gladen (2014), 96 f.

1.1.2.1 DuPont-Kennzahlensystem

Das DuPont-Kennzahlensystem wurde bereits 1919 entwickelt und gilt bis heute als Prototyp für die Entwicklung von weiteren Kennzahlensystemen. Es wird auch als Kapitalertragsstammbaum oder ROI-Baum (ROI = Return on Investment) bezeichnet, da es zur Beurteilung des Unternehmenserfolgs dessen Kapitalrentabilität verwendet. Dazu wird, wie die Abbildung 3 zeigt, die Spitzenkennzahl Gesamtkapitalrentabilität (ROI) in die Kennzahlen Umsatzrentabilität und Kapitalumschlag aufgelöst. Anschließend werden, ausgehend von der Kennzahl Umsatzrendite deren Einflussfaktoren und ausgehend von der Kennzahl Kapitalumschlag die Kapitalbindung in Anlage- und Umlaufvermögen dargestellt.[22]

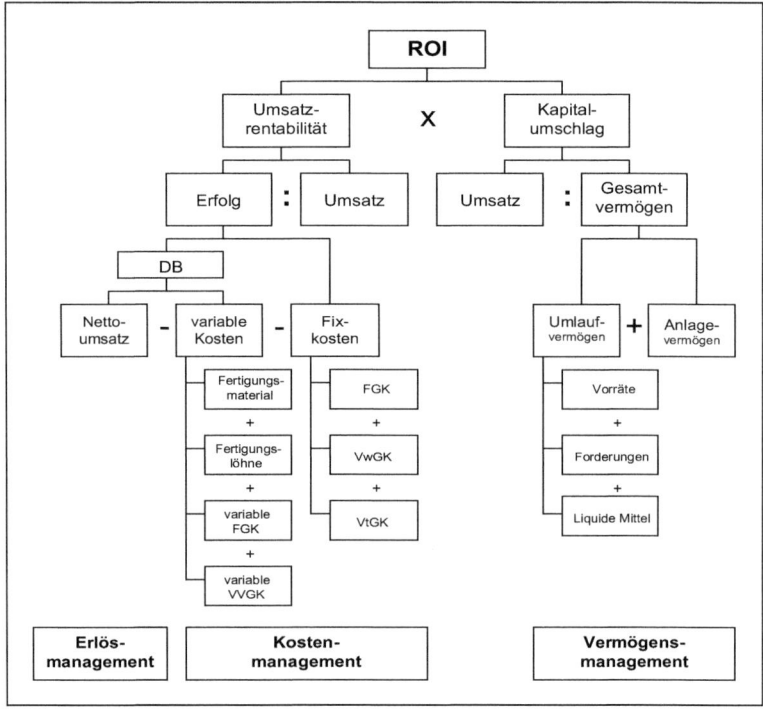

Abbildung 3: DuPont-Kennzahlensystem[23]

---

[22]   Vgl. Külpmann (2006), 93 f.
[23]   Abbildung verändert entnommen aus: Gladen (2014), 87.

1.1.2.2 ZVEI-Kennzahlensystem

Das ZVEI-Kennzahlensystem wurde 1969 vom Zentralverband der Elektrotechnik- und Elektronikindustrie als branchenneutrales Kennzahlensystem entwickelt. Es betrachtet als Spitzenkennzahl die Eigenkapitalrentabilität. Diese zeigt, wie sich das eingesetzte Eigenkapital verzinst, und wird ermittelt, indem das Betriebsergebnis zum Eigenkapital in Beziehung gesetzt wird.[24]

Das ZVEI-Kennzahlensystem erlaubt mit seinen 88 Hauptkennzahlen, die eigene Aussagekraft besitzen, und 122 Hilfskennzahlen, die der Verknüpfung der Hauptkennzahlen dienen, differenziertere Analysen als das DuPont-Kennzahlensystem.[25]

Das ZVEI-Kennzahlensystem enthält, wie die Abbildung 4 zeigt, überwiegend formalzielbezogene Kennzahlen. Auf sachzielbezogene, nichtmonetäre Kennzahlen verzichtet dieses System.

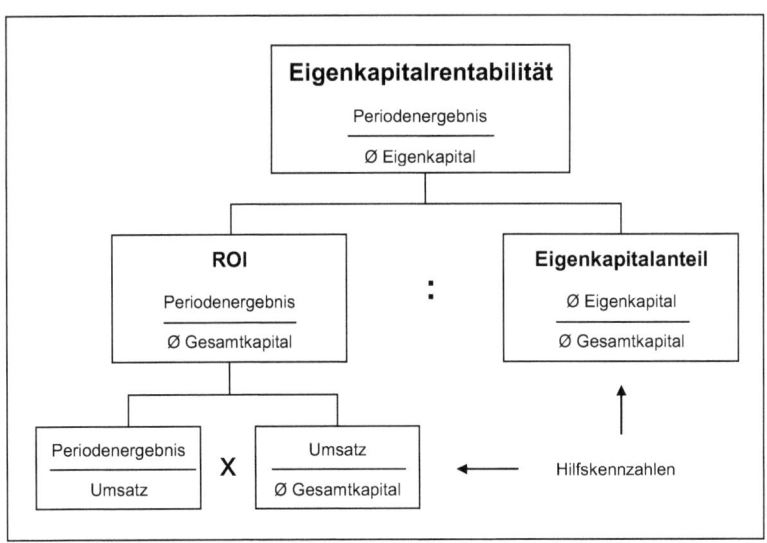

Abbildung 4: ZVEI-Kennzahlensystem[26]

---

[24] Vgl. Külpmann (2006), 43 f.
[25] Vgl. Gladen (2014), 93 f.
[26] Abbildung verändert entnommen aus: Gladen (2014), 93.

1.1.2.3 Rentabilitäts-Liquiditäts-Kennzahlensystem

Das Rentabilitäts-Liquiditäts-Kennzahlensystem (RL-System) wurde von zwei Wirtschaftswissenschaftlern 1979 vorgestellt. Es betrachtet in seinen Spitzenkennzahlen neben dem Erfolg auch die Liquidität. Wenige, hochverdichtete Kennzahlen sollen die Analyse und Steuerung von Unternehmen mehr als andere Kennzahlensysteme erleichtern.[27]

Das System wurde als Ordnungssystem aufgebaut, um einerseits durch Vermeidung von Hilfskennzahlen die Anzahl der Kennzahlen zu beschränken und andererseits ausreichende Flexibilität für die Adaption an organisationsspezifische Informationsbedürfnisse zu bieten.

Wie die Abbildung 5 zeigt, betrachtet das RL-System in einem allgemeinen Teil diejenigen formalzielbezogenen Kennzahlen, welche jedes Unternehmen zur Planung, Steuerung und Kontrolle benötigt.

Der Sonderteil soll jene Kennzahlen aufnehmen, welche die Rentabilität und Liquidität vertieft analysieren können. So wird auch die Betrachtung von sachzielbezogenen und nichtmonetären Kennzahlen ermöglicht.

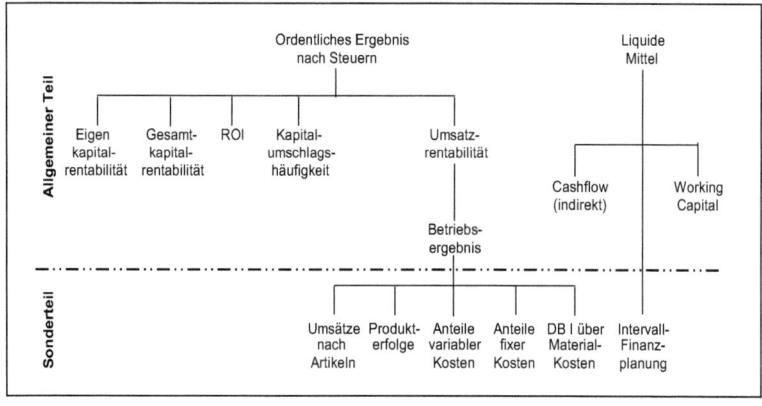

Abbildung 5: Rentabilitäts-Liquiditäts-Kennzahlensystem[28]

---

[27] Vgl. Gladen (2014), 94 ff.
[28] Abbildung verändert entnommen aus: Gladen (2014), 94.

1.1.2.4 EFQM-Modell

Neben der Balanced Scorecard, die ich nachfolgend noch gesondert erläutern werde, kann das 1988 entwickelte Modell der European Fundation for Quality Management (EFQM) als eines der neueren Performance Measurement Systeme angeführt werden. Es ist kein Kennzahlensystem im engeren Sinn, arbeitet aber kennzahlenbasiert.

Das EFQM-Modell dient als Grundlage für die Selbstbewertung von Unternehmen. Dabei wird davon ausgegangen, dass die Kriterien Führung, Mitarbeiterorientierung, Politik, Strategie, Ressourcen und Prozesse die Ergebnisse der Organisation, wie die Mitarbeiter- und Kundenzufriedenheit, gesellschaftliche Verantwortung und Geschäfts-ergebnisse determinieren.[29]

Die Auswahl der genannten Kriterien sowie deren Beziehungen zueinander beruhen letztlich jedoch auf Annahmen, die empirisch nicht begründet sind.

Abbildung 6 zeigt das Grundmodell der European Fundation for Quality Management:

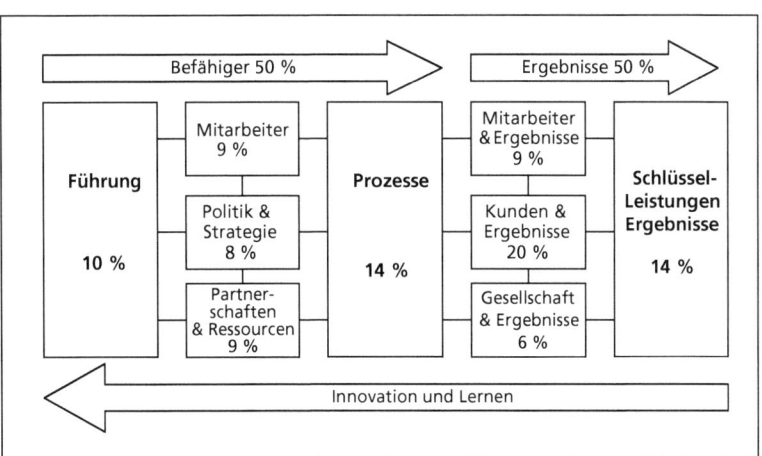

Abbildung 6: EFQM-Modell[30]

---

[29] Vgl. Klingebiel (2001), 48 f.
[30] Abbildung verändert entnommen aus: Klingebiel (2001), 49.

Das EFQM-Modell soll es der Organisation ermöglichen, Stärken und Defizite ihrer Mission und Vision aufzudecken, organisationsspezifische Kommunikations- und Denkweisen zu entwickeln und dadurch, in Kombination mit weiteren Führungsinstrumenten, ein Grundgerüst für ein Managementsystem aufzubauen, welches den nachhaltigen Unternehmenserfolg sicherstellen soll.

Obwohl das EFQM-Modell zur Planung verwendet werden könnte, dominiert in der Praxis die ex-post Betrachtung der verschiedenen Kriterien.[31]

1.2 Die Balanced Scorecard

Hinsichtlich der Zielsetzung dieses Buches wird die Balanced Scorecard (BSC) hier in einem eigenen Kapitel vorgestellt.

1992 veröffentlichten Robert S. Kaplan und David P. Norton das Konzept der Balanced Scorecard[32] und legten damit ein umfassendes und integratives Steuerungsinstrument vor, welches „über bestehende Kennzahlsysteme deutlich hinausgeht".[33]

Bei der BSC handelt es sich um ein kennzahlenbasiertes Performance Measurement System, das neben der Ex-post-Kontrolle die vorlaufende strategische Steuerung von Organisationsaktivitäten erlauben soll.[34]

Durch die BSC wird die Lücke zwischen strategischen Zielen und operativem Handeln geschlossen und die Zusammenhänge zwischen verschiedenen Zielelementen werden deutlich dargestellt.[35]

Der Zweck der BSC ist aber nicht nur darauf beschränkt, die Strategieumsetzung und die Zielerreichung der Organisation zu messen. Er besteht auch darin, von Beginn an Maßnahmen zu definieren, welche die Zielerreichung sicherstellen, Abweichungen frühzeitig zu erkennen und rechtzeitig gegenzusteuern sowie Maßnahmen auf ihren Erfolg hin überwachen zu können.[36]

---

[31] Vgl. Klingebiel (2001), 49.
[32] Vgl. Kaplan/Norton (1992), 71 ff.
[33] Jossé (2005), 5.
[34] Vgl. Scherer (2002), 12.
[35] Vgl. Horak/Speckbacher (2013), 177.
[36] Vgl. Fischer (2009), 70.

Bei der BSC handelt es sich um einen offenen, formalen Denkrahmen, dessen inhaltliche Kategorien auf die konkrete Organisationssituation abgestimmt werden müssen, um so die abstrakten Vorgaben der Vision und der Strategie einer Organisation in konkrete Handlungsorientierungen überzuleiten.[37]

Die BSC stützt sich dabei auf monetäre wie auch auf nichtmonetäre Leistungsgrößen, da ihr die Annahme zugrunde liegt, dass nicht mehr das Anlagekapital alleine für die langfristige Schaffung von Wettbewerbsvorteilen und Unternehmenswert entscheidend ist, sondern auch weiche Faktoren wie intellektuelles Kapital der Mitarbeiter, effektive Prozesse sowie Kundenbindung und Kundenorientierung.[38]

Auch berücksichtigt sie kurzfristige wie langfristige Zielgrößen. Im Sinne einer ex-post-Kontrolle überwacht sie nachlaufende Zielgrößen ebenso wie vorlaufende Indikatoren im Sinne einer ex-ante-Kontrolle.

Sie resultiert daher aus der Ausgewogenheit zwischen der Betrachtung extern und intern orientierter Messgrößen sowie der Betrachtung von Messgrößen, welche die Ergebnisse vergangener Tätigkeiten beschreiben, und Messgrößen, die zukünftige Leistungen antreiben.[39]

Messgrößen der Ergebnisse vergangener Tätigkeiten werden als Spätindikatoren, Messgrößen, die zukünftige Leistungen antreiben, als Frühindikatoren oder Leistungstreiber bezeichnet. Unter extern orientierten Messgrößen werden diejenigen verstanden, welche sich auf Anteilseigner und Kunden beziehen, unter intern orientierten Messgrößen diejenigen, die sich auf Geschäftsprozesse sowie Innovation und Entwicklung beziehen.

Die BSC verkoppelt Ziele und Maßnahmen im Sinne von Ursache-Wirkungsbeziehungen um diese zu dokumentieren und überprüfbar zu machen. Die damit geschaffene Transparenz des Ursache-Wirkungs-Gefüges der Kennzahlen ermöglicht es den Handelnden, die Auswirkungen ihrer Aktivitäten hinsichtlich der gemeinsamen

---

[37] Vgl. Scherer (2002), 13 ff.
[38] Vgl. Schaltegger/Dyllick (2002), 21.
[39] Vgl. Stoll (2013), 81 f.

Zielerreichung zu erkennen. Damit kann in der Organisation verteiltes Wissen verknüpft und somit demokratisiert werden.[40]

Die BSC kann daher als Managementinstrument verstanden werden, welches durch die Klärung von Vision und Strategie, der Planung, Kommunikation und Verknüpfung von strategischen Zielen, sowie der Ermöglichung von strategischem Feedback den organisatorischen Rahmen für Managementprozesse bildet.[41]

1.2.1 Die Perspektiven und die Strategy Map der Balanced Scorecard

Im Grundkonzept von Kaplan und Norton betrachtet die BSC das Unternehmen aus der Finanz-, der Kunden-, der Prozess- und der Potenzialperspektive, die in einer Zweck-Mittel-Beziehung stehen um die strategischen Erfolgspotenziale darzustellen.[42]

Aus diesem Grund kommt der Auswahl der Perspektiven besondere Bedeutung zu, da nur so die entscheidenden Leistungsfaktoren abgebildet werden können.

Diese vier Perspektiven stellen einen Idealtypus dar, der jedoch organisationsspezifischer Anpassung bedarf. Diese Anpassung kann vor allem in Sozialorganisationen sowie in öffentlichen Verwaltungen die Ausweitung der Perspektiven erforderlich machen.[43]

Im Folgenden werden nun vorerst die klassischen Perspektiven, also die Finanz-, Kunden-, Prozess- und Potenzialperspektive nach Kaplan und Norton[44] vorgestellt; im Anschluss wird auf weitere Perspektiven eingegangen.

Die Finanzperspektive

Die Finanzperspektive soll den Überblick über die wirtschaftlichen Konsequenzen von Strategien ermöglichen.[45] In ihr werden daher die finanziellen Zielgrößen festgelegt.

---

[40] Vgl. Jossé (2005), 3 f.
[41] Vgl. Stoll (2013), 82 f.
[42] Vgl. Jossé (2005), 31 f.
[43] Vgl. Scherer (2002), 15.
[44] Vgl. Kaplan/Norton (1997), 23 ff.
[45] Vgl. Bono (2006), 89.

Finanzwirtschaftliche Ziele erfüllen eine Doppelrolle. Einerseits definieren sie die finanzielle Leistung, die von der Strategie erwartet wird, und andererseits die Endziele der anderen Perspektiven.[46]

Die in der Finanzperspektive definierten Ziele sind Resultate der Maßnahmen der anderen Perspektiven. Diese Ziele werden daher, da sie die Ergebnisse der unternehmerischen Tätigkeit, nicht jedoch deren Zustandekommen darstellen, als Spätindikatoren bezeichnet und sind zur Steuerung des Unternehmens wenig geeignet.[47]

Die Kundenperspektive

Die Kundenperspektive fokussiert die Kunden- und Marktsegmente des Unternehmens.[48]

In ihr werden diejenigen Ziele festgelegt, die beim Kunden erreicht werden müssen, damit sich einerseits der finanzielle Erfolg einstellt und andererseits die Strategie erfolgreich umgesetzt wird.[49]

Die Kennzahlen der Kundenperspektive können als Frühindikatoren oder Leistungstreiber bezeichnet werden, da sie spätere Auswirkungen schon vorher anzeigen.

Die Prozessperspektive

Die Perspektive der internen Geschäftsprozesse betrachtet den Prozess der Leistungserstellung. Die hier zu definierenden Ziele betreffen die Qualität des Wertschöpfungsprozesses und sind so die Voraussetzung dafür, dass sich der bei den Kunden erstrebte Erfolg einstellt.

In dieser Perspektive werden vor allem die Dimensionen Zeit, Kosten und Qualität betrachtet.

Die Potenzialperspektive

Die Potenzialperspektive soll die Dynamisierung des Leistungserstellungsprozesses bewirken und die Bedeutung von Investitionen in die Zukunft betonen.[50]

Sie konzentriert sich auf die Bedingungen, die innerhalb der Organisation erfüllt werden müssen, um Verbesserungen zu ermöglichen.[51]

---

[46]   Vgl. Stoll (2013), 87 f.
[47]   Vgl. Jossé (2005), 31.
[48]   Vgl. Stoll (2013), 87 f.
[49]   Vgl. Scherer (2002), 14.
[50]   Vgl. Stoll (2013), 88 ff.
[51]   Vgl. Bono (2006), 89.

In dieser Perspektive sind Ziele und Kennzahlen zu definieren, welche die Voraussetzungen markieren, die eine Organisation in die Lage versetzt, alle Chancen der Verbesserung zu nutzen.[52]

Im Mittelpunkt der Potenzialperspektive stehen die Humanressourcen. Darüber hinaus betrachtet diese Perspektive die Informationsversorgung hinsichtlich der Potenziale der verwendeten Informationstechnologien und Informationssysteme.[53]

Bei der Potenzialperspektive ist zu beachten, dass manche Ziele, wie zum Beispiel Weiterbildungsbedarf, Frühindikatoren und andere, wie zum Beispiel Mitarbeiterzufriedenheit oder Kündigungsrate, Resultate sind.

Häufige Verwendung finden in dieser Perspektive qualitative Faktoren, welche schwer mit Zahlen zu erfassen sind. In diesen Fällen kann der abzubildende Sachverhalt auch in Textform beschrieben werden.

Weitere Perspektiven

Grundsätzlich muss jedes Unternehmen seine eigene BSC entwickeln um ihre Erfolgsfaktoren und wesentlichen Steuerungsgrößen optimal abzubilden.[54] Aus diesem Grund scheint es angebracht, Perspektiven auszutauschen oder weitere Perspektiven, wie z. B. die der Politik oder der Gesellschaft, einzuführen. Ausschlaggebend für die Auswahl der Perspektiven ist ihre Relevanz für die Schaffung von Wettbewerbsvorteilen.[55]

Unabhängig von den gewählten Perspektiven müssen die Ziele ein stimmiges Ganzes bilden und die Messgrößen und Kennzahlen ein geeigneter Gradmesser der Zielerreichung sein.[56]

Es bestehen zwei Möglichkeiten zur Erweiterung der Perspektiven.[57]

- Beim additiven Ansatz werden den klassischen Perspektiven eine oder mehrere Perspektiven hinzugefügt um die besonderen Belange der Organisation zu berücksichtigen.

---

[52] Vgl. Scherer (2002), 14.
[53] Vgl. Jossé (2005), 48 ff.
[54] Vgl. Jossé (2005), 187.
[55] Vgl. Bono (2006), 92.
[56] Vgl. Jossé (2005), 54 f.
[57] Vgl. Jossé (2005), 189.

- Beim integrativen Ansatz werden in die klassischen Perspektiven weitere strategisch bedeutsame Aspekte integriert. Vorteil dieser Variante ist die Übersichtlichkeit der Ziele und Kennzahlen, während die besondere Sichtweise quer durch die BSC verfolgt wird und in jede Zielformulierung einfließt.

Die Strategy Map

Ein integraler Bestandteil des BSC-Konzepts ist die strategische Landkarte oder Strategy Map, die, wie Abbildung 7 zeigt, durch die grafische Darstellung der strategischen Ziele diese leicht kommunizierbar macht.

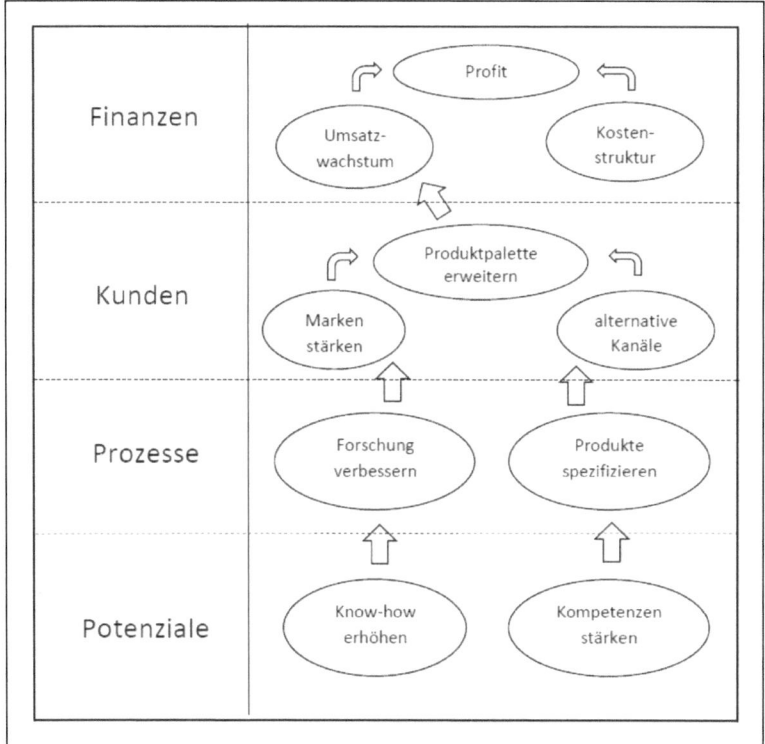

Abbildung 7: Strategy Map[58]

---

[58] Abbildung verändert entnommen aus: Horváth & Partners (2009), 234.

Entscheidend für die BSC ist, dass sich die strategischen Ziele der Perspektiven unterstützen und untereinander sowie mit dem Ziel der Organisation verknüpft sind.

1.2.2 Konzeption, Entwicklung und Implementierung der Balanced Scorecard

Eine wichtige Anforderung an die Konzeption der BSC ist es, dass die Umsetzung der strategischen Ziele messbar gemacht werden muss. Dazu ist die Entwicklung eines Systems von geeigneten Kennzahlen notwendig, die in der Strategy Map miteinander verknüpft werden können.

Diese Kennzahlen werden im Kontext einer BSC als Messgrößen bezeichnet.[59]

Hinsichtlich der Kennzahlen unterscheiden Kaplan und Norton zwischen Ergebniskennzahlen und Leistungstreibern.

- Die Ergebniskennzahlen zeigen, ob die strategischen Ziele eines jeden Unternehmens in den verschiedenen Perspektiven erreicht wurden.

- Die Leistungstreiber sind unternehmensspezifisch und bringen die Wettbewerbsvorteile des Unternehmens zum Ausdruck.[60]

Bei der Entwicklung eines Messgrößensystems ist vorerst die Auswahl der Messgrößen vorzunehmen. Im Idealfall wird jedes strategische Ziel durch eine Messgröße abgebildet. Sofern dies nicht möglich ist, sollte einerseits um die Komplexität gering zu halten und andererseits um die Fokussierung zu gewährleisten, die Anzahl auf drei Messgrößen pro strategischem Ziel beschränkt werden.[61]

Zur Entwicklung und Implementierung einer BSC kennen Theorie und Praxis verschiedene Phasenmodelle, die im Wesentlichen folgende Schritte aufweisen:[62]

- Schaffung eines organisatorischen Rahmens um die erfolgreiche Implementierung der BSC zu gewährleisten

- Klärung der strategischen Grundlagen

---

[59] Vgl. Horváth & Partners (2009), 259.
[60] Vgl. Schaltegger/Dyllick (2002), 24.
[61] Vgl. Horváth & Partners (2009), 260 f.
[62] Vgl. Horváth & Partners (2009), 235 f.

- Ableiten der strategischen Ziele und der darauf aufbauenden Strategy Map, sowie Definition der Messgrößen, Zielwerte und Aktionen

- Festlegen der Vorgehensweise, die das Herunterbrechen der definierten Messgrößen, Zielwerte und Aktionen auf untergeordnete Organisationseinheiten sowie die Koordination der nebeneinander stehenden Organisationseinheiten regelt. Roll-Out der BSC

- Sicherstellung des kontinuierlichen Einsatzes der BSC durch ihre Integration in die bestehenden Systeme der Steuerung, Planung und des Berichtswesens

Unabhängig vom gewählten Phasenmodell können unterschiedliche Verfahren bei den beschriebenen Entwicklungsschritten angewendet werden. Bei diesen handelt es sich um das Top-down-, das Bottom-up- und das Gegenstromverfahren.[63]

- Beim Top-down-Verfahren werden die Ziele, Messgrößen und Maßnahmen auf der Ebene der Unternehmensleitung entwickelt und dann auf die darunter liegenden Ebenen abgeleitet.

- Beim Bottom-up-Verfahren wird der entgegengesetzte Weg beschritten und die Ziele, Messgrößen und Maßnahmen auf der Ebene der operativ Handelnden entwickelt und dann bis auf die Ebene der Unternehmensleitung transformiert.

- Beim Gegenstromverfahren gibt die Unternehmensleitung die Strategien vor. In einem ersten Durchgang werden die daraus definierten Ziele, Messgrößen und Maßnahmen auf die darunter liegenden Ebenen abgeleitet. Im zweiten Durchgang werden eventuelle Anpassungen von den operativ Handelnden wieder zur Unternehmensleitung transformiert. Die Durchgänge können wiederholt werden, bis die Ergebnisse allen Ebenen entsprechen.

Bei der Entscheidung, welche Phasenmodelle und welche Verfahren zur Entwicklung und Implementierung der BSC verwendet werden, ist die konkrete Organisationssituation und Organisationskultur natürlich zu berücksichtigen.

Auch ist davon auszugehen, dass der Prozess der Entwicklung der BSC ebenso wichtig ist wie die Scorecard als Resultat.

---

[63] Vgl. Jossé (2005), 87 ff.

1.2.3 Problembereiche der Balanced Scorecard

Im Folgenden soll nun auf einige Problembereiche der BSC hingewiesen werden.

In ihrer ursprünglichen Konzeption basiert die BSC als Top-down-orientiertes Instrument auf einer äußerlichen Steuerung der Mitarbeiter, die in der Folge nicht mehr intrinsisch motiviert das Richtige tun, sondern sich auf die Zielerfüllung der Kennzahlen konzentrieren. [64]

Führungskräfte laufen Gefahr, ihre Führungsaufgaben mit der Definition und Messung von Kennzahlen als erledigt zu betrachten.

Es besteht die Möglichkeit, dass der Top-down-Ansatz zu einer Zentralisierung und dadurch zur Einschränkung von Entscheidungsspielräumen führt. Unter diesem Gesichtspunkt scheint es fraglich, ob dieser Ansatz die angestrebten Rückkoppelungen ermöglicht und das Lernen der Organisation fördert.

Weitere Problembereiche können aus Gestaltungs- und Prozessmängeln resultieren. [65]

Gestaltungsmängel beziehen sich auf die Auswahl der relevanten Perspektiven und der Identifikation der kritischen Erfolgsfaktoren. Die Schwierigkeit der Einordnung weiterer Perspektiven führt häufig zur Nutzung der Standardperspektiven. Einen nicht zu vernachlässigenden Einwand stellt der Entwicklungs- und Umsetzungsaufwand der BSC dar. [66]

Die Erhebung neuer Kennzahlen ist aufwändig und stellt häufig entweder die generelle Anwendung einer BSC in Frage oder führt zur Verwendung leicht zu erhebender Indikatoren, die letztlich wenig Aussagefähigkeit besitzen.

Auch besteht die Möglichkeit, durch die BSC der Bürokratisierung Vorschub zu leisten. Dabei besteht das Risiko, dass die zu umfangreichen Kennzahlensysteme und Maßnahmen zu einer Übersteuerung der Organisation führen und so Innovation verhindern. [67]

---

[64] Vgl. Paul/Wollny (2011), 328 ff.
[65] Vgl. Bono (2006), 110 ff.
[66] Vgl. Haddad (2003), 64.
[67] Vgl. Scherer (2002), 21.

Prozessmängel können aus dem fehlenden Engagement der obersten Führungskräfte, der fehlenden Einbindung des mittleren Managements, einem übersteigerten Hang zur Perfektion und einer zu starken Fokussierung auf IT-Fragen resultieren.

Letztlich intendiert die Verknüpfung der BSC mit der Strategie bei jeder Veränderung der Strategie eine Überprüfung und gegebenenfalls die Anpassung der BSC. Die Vermeidung dieses Aufwands birgt die Gefahr, mit einer nicht mehr zur Strategie passenden BSC zu arbeiten.

1.3 Die Balanced Scorecard in sozialen Organisationen

Hinsichtlich der einleitend bereits beschriebenen Notwendigkeit auf die Umweltveränderungen mit einer Professionalisierung der Managementprozesse zu reagieren, stellt sich die Frage, ob die BSC auch für SPOs ein geeignetes Instrument sein kann.

1.3.1 Eignung der Balanced Scorecard für SPOs

Um diese Frage zu beantworten, müssen vorerst die Unterschiede zwischen profitorientierten Unternehmen/Organisationen und SPOs dargestellt werden. Diese Abgrenzung ist notwendig, da sich aufgrund der unterschiedlichen Strukturen und Eigenschaften von SPOs Besonderheiten für das Management ergeben, welche letztendlich Einfluss auf die Gestaltung der BSC haben.

Das zentrale Merkmal einer SPO ist, dass nicht die Gewinnorientierung das vorrangige Ziel der Organisationstätigkeit darstellt, sondern die Versorgungsorientierung hinsichtlich virulenter oder gesellschaftlich anerkannter Bedürfnisse.

Daraus resultiert eine größere Interessensvielfalt, die durch komplexere Kundenbeziehungen und eine höhere Anzahl von Anspruchsgruppen gekennzeichnet ist. Diese Merkmale bedingen ein Zielsystem, in dem Sachziele und qualitative Ziele im Vordergrund stehen.[68]

Als Oberziel kann die Mission begriffen werden. Sie definiert den Auftrag oder den Zweck der SPO und bestimmt die Ausrichtung der Organisation. „Die BSC kann auch staatlichen und Non-Profit-

---

[68] Vgl. Stoll (2013), 25 ff.

Organisationen eine klare Richtung geben sowie Motivation und Verantwortungsgefühl fördern. In solchen Organisationen ist die BSC Ausdruck des Zwecks ihrer Existenz (die Bedienung von Kunden/Bürgern, nicht einfach die Einhaltung von Finanzplänen) und vermittelt externen Parteien und internen Mitarbeitern die Ergebnisse und Leistungstreiber, mit deren Hilfe die Organisation ihre Mission und strategischen Zielsetzungen erfüllen wird."[69]

Die weiteren Ziele müssen daher aus deren Vorgaben abgeleitet werden.

Ein weiteres Charakteristikum von SPOs ist die Dienstleistungsorientierung. Die Qualität einer Dienstleistung ist, da sie vom Leistungsverhalten der Mitarbeiter und gleichzeitig vom Bewertungsverhalten der Kunden abhängt, mit eindimensionalen Messverfahren nicht darzustellen. Hier scheint die BSC durch ihre mehrdimensionale Betrachtung am ehesten geeignet, messbare Wege zu gehen.[70]

1.3.2 Modelle der Balanced Scorecard für SPOs

Diese veränderten Schwerpunkte im Zielsystem der SPOs erfordern nun die Ausrichtung der Wertschöpfungskette der BSC an der Organisationsmission[71] und, daraus resultierend, die Abstimmung der Perspektiven.

So tritt die Finanzperspektive in den Hintergrund und wird Mittel zum Zweck. Die Perspektiven der Kunden, der internen Prozesse und der Potenziale gewinnen jedoch an Bedeutung.[72]

Die geforderte Abstimmung bedingt nun folgende Anforderungen an die Perspektiven:[73]

- Die Kundenperspektive wird zu einer zentralen Perspektive, denn der Zweck einer sozialen Organisation ist die Leistungserbringung an und für Dritte. Eine Teilung dieser Perspektive in Leistungswirkung und Leistungserbringung scheint dann angebracht, wenn viele Stakeholder strategisch relevant eingebunden werden müssen.

---

[69] Vgl. Kaplan/Norton (1997), 181.
[70] Vgl. Bergmann/Daub (2012), 18.
[71] Vgl. Greiling (2009), 200.
[72] Vgl. Bono (2006), 95 ff.
[73] Vgl. Stoll (2013), 101 ff.

- Die Prozessperspektive soll vor allem jene Prozesse fokussieren, die dem Kunden transparent sind und so die Kundenzufriedenheit abbilden.

- Die Potenzialperspektive muss besonders die Entwicklung und Qualifizierung sowie die Motivation und Zielausrichtung des Personals beinhalten, da es der wesentliche Produktionsfaktor sozialer Organisationen ist.

- Die Finanzperspektive erfährt eine Veränderung hinsichtlich ihres Stellenwerts und dient der Erfassung der Ziele und Werte der Wirtschaftlichkeit sowie der Finanzmittelbeschaffung. Das Weglassen der Finanzperspektive scheint nicht gerechtfertigt, da die Sicherung der Existenz auch für soziale Organisationen notwendig ist.

Diese notwendigen Abstimmungen führen, wie die Abbildungen 8, 9 und 10 zeigen, zu veränderten, von verschiedenen Autoren unterschiedlich gereihten Perspektiven:[74]

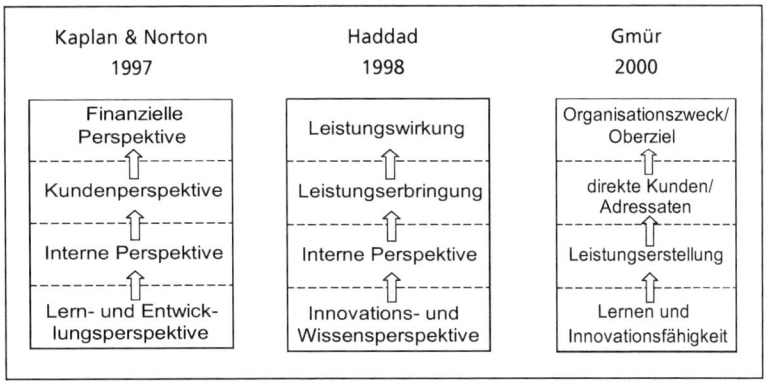

Abbildung 8: BSC-Perspektiven 1

---

[74] Vgl. Kaplan/Norton (1997), 29, Stoll (2013), 95 ff., Niven (2003a), 37, Bono (2006), 98.

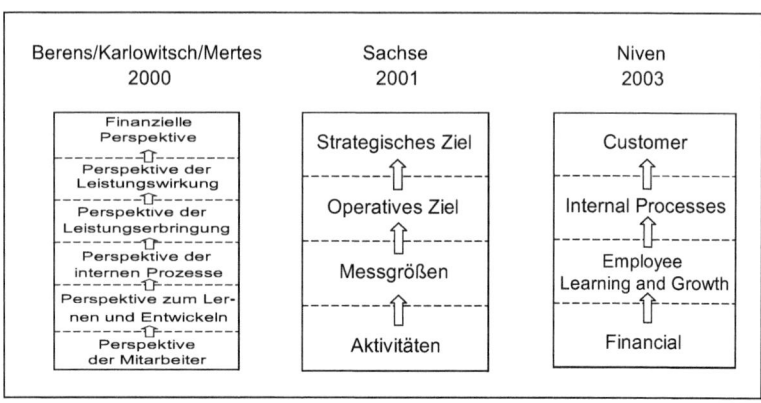

Abbildung 9: BSC-Perspektiven 2

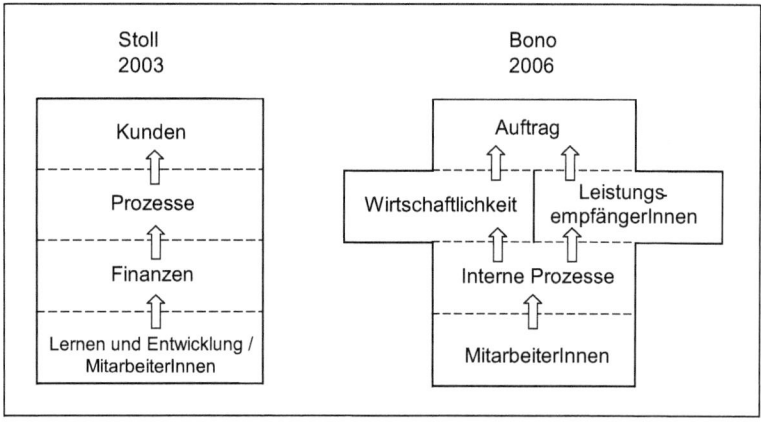

Abbildung 10: BSC-Perspektiven 3

1.4 Wirkungsorientierte Steuerung

Vor allem der eingangs beschriebene Paradigmenwechsel der öffentlichen Verwaltungen vom Bürokratiemodell hin zum New Public Management,[75] der von der Input- zur Outputorientierung führte,[76] sowie der gesteigerte Rechtfertigungsdruck seitens der weiteren

---

[75] Vgl. Scherer (2002), 6 ff.
[76] Vgl. Gruber/Kaltenbrunner/Pesendorfer (oJ.) 2 f.

Stakeholder[77] erfordert von SPOs die Betrachtung ihrer Leistungswirkung, die neben den einzelwirtschaftlichen auch den gesellschaftlichen Beitrag abbildet.[78]

Um diesem Anspruch zu genügen, empfiehlt sich eine mehrdimensionale Betrachtung der Leistungswirkungen unter Bezugnahme
auf Dimensionen, welche die Europäische Union mehrheitlich für
ihre Programmevaluationen verwendet.[79]

1.4.1 Dimensionen der Leistungswirkung

Wie Abbildung 10 zeigt, setzt eine SPO Ressourcen, sogenannte
Inputs ein, um durch ihre organisationalen Strukturen und Prozesse
Ergebnisse zu erreichen.[80]

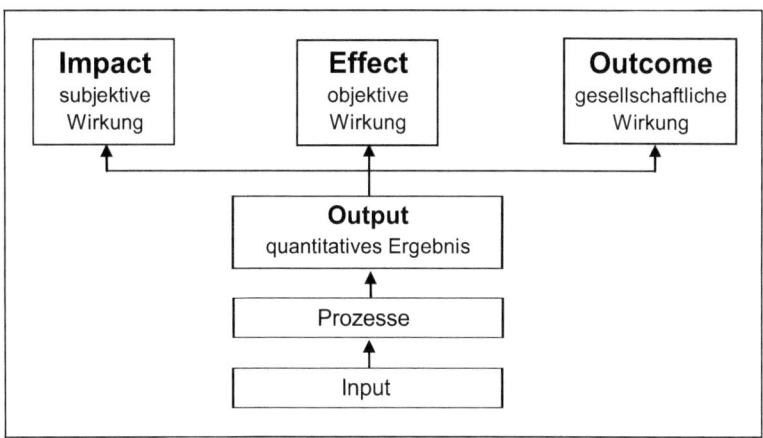

Abbildung 11: Dimensionen der Leistungswirkung[81]

Unter Output wird die eigentliche Leistung der SPO in ihrer quantitativen Dimension als mengenmäßiges Produktionsergebnis verstanden. Er stellt die Basis für die weiteren qualitativen Wirkungseffekte
dar.

---

[77]   Vgl. Halfar (2010), 46.
[78]   Vgl. Greiling (2009), 104.
[79]   Vgl. Halfar (2010), 48 ff.
[80]   Vgl. Bono (2006), 149.
[81]   Verändert entnommen aus: Halfar (2010), 47.

Impact ist die subjektiv erlebte, durch den Output ausgelöste Wirkung auf die Stakeholder.

Effect bezeichnet die unmittelbare, objektiv ersichtliche und nachweisbare Wirkung des Outputs auf die Stakeholder.

Outcome beschreibt die kollektiven Auswirkungen der Tätigkeiten der SPO auf die Gesellschaft oder die Umwelt.

Während sich der Output eindeutig von den anderen Wirkungen unterscheidet, ist die Grenze zwischen Impact, Effect und Outcome, in Abhängigkeit der Einbeziehung von subjektiven Elementen und volkswirtschaftlichen Überlegungen, fließend.

1.4.2 Messung der Leistungswirkung

„(…) was nicht gemessen werden kann, entzieht sich auch der Steuerung – und was sich nicht steuern lässt, widerspricht dem Anspruch, finanzielle Mittel optimal einzusetzen."[82]

Die Ziele sozialer Dienstleistungen sind jedoch schwer quantifizierbare Größen, die sich hinsichtlich ihres immateriellen Charakters und der vielfältigen Einflussfaktoren nur sehr aufwändig als messbar erweisen.

Zur Wirkungsmessung können verschiedene Methoden der Evaluation[83] oder, als systematische Dauerbeobachtung, das Outcome-Monitoring[84] eingesetzt werden.

Im Folgenden werden einige dieser Methoden angeführt und kurz erläutert:[85]

Analyse und Bewertung besonders relevanter Ereignisse

Bei diesem Verfahren werden mit den Methoden der Beschwerdeanalyse, der Critical Incident Technique oder der sequenziellen Ereignismethode besonders positive und negative Ereignisse in der Leistungserstellung und in den Stakeholderbeziehungen ermittelt und bewertet. Basierend auf den Ergebnissen wird auf die wahrgenommene Leistungsqualität der Organisation geschlossen.

---

[82] Bono (2006), 141.
[83] Vgl. Bono (2006), 144 ff.
[84] Vgl. Halfar (2010), 66.
[85] Vgl. Halfar (2010), 67 ff.

Ein Beispiel: Welche bedeutsamen Erfahrungen machen Asylantragsteller bei der zuständigen Behörde?

Benchmarkingverfahren

Beim multidimensionalen Benchmarking werden Einzeldaten der relevanten Organisationsdimensionen, die durch standardisierte Messinstrumente ermittelt werden, unter den teilnehmenden Mitbewerbern verglichen.

Beim fallaggregierten Benchmarking wird die Leistungswirkung als, durch statistische Methoden ermitteltes Aggregationsmaß individueller Fallverläufe hinsichtlich der gewünschten Veränderungen dargestellt und anschließend mit definierten Maßstäben verglichen.

Kosten-Wirksamkeits-Analyse

Die Kosten-Wirksamkeits-Analyse stellt nichtmonetäre Wirkungskomponenten den daraus entstandenen Kosten gegenüber.

Ein Beispiel: Was kostet die Senkung der Arbeitslosenrate um ein Prozent?

Merkmalsorientierte Verfahren

Bei diesem Verfahren werden vorerst Kataloge mit Merkmalen der Leistungsqualität entwickelt, die anschließend von den Stakeholdern bewertet werden. Basierend auf den Bewertungen wird auf die Gesamtqualität der Organisation geschlossen.

Ein Beispiel: Wie zufrieden sind Studenten mit der Qualität der FH OÖ, Campus Linz?

Nutzwert-Analyse

Die Nutzwert-Analyse gewichtet und bewertet verschiedene nichtmonetäre Wirkungskomponenten.

Ein Beispiel: Welcher der alternativen Standorte ist für ein Alten- und Pflegeheim am besten geeignet?

QUALY-Konzept

Das QUALY-Konzept (englisch: quality-adjusted life year) beurteilt Handlungsalternativen, indem Lebensqualitätseffekte mit der Restlebenserwartung in Beziehung gesetzt werden.

Ein Beispiel: Lohnt sich ein Platin-Hüftimplantat bei einem 89-jährigen Patienten?

Social Return on Investment (SROI)

Bei diesem Konzept werden die Wirkungen als Wertschöpfung gemessen und dem investierten Kapital zugerechnet. Damit soll der Organisationswert der SPO dargestellt werden.

Ein Beispiel: Wie hoch ist die sozialökonomische Wertschöpfung einer geschützten Werkstätte?

Zahlungsbereitschaftsmessung

Die Zahlungsbereitschaftsmessung versucht Lebensqualität monetär zu bewerten. Als Wirkung wird die Differenz zwischen der maximalen individuellen Zahlungsbereitschaft und der Summe, die notwendig wäre um das kollektive Wohlfahrtsniveau zu erhalten, bezeichnet.

Ein Beispiel: Wie hoch wäre der maximal akzeptierte Preis für eine 24-Stunden-Pflege?

Wirkungsprozesskette

Dieser outcome-orientierte Steuerungsansatz legt den Fokus auf die Wirkungen sozialer Dienstleistungen bei den Klienten. Mit diesem Modell sollen soziale Versorgungsprozesse bei gleichbleibender Qualität durch Kostensenkungen optimiert werden.[86]

Die Kernelemente des Wirkungsprozesskettenmodells bilden die Leistungsvereinbarung, der Income und die soziale Diagnostik, der Hauptwirkungsprozess sowie die Wirkungsunterstützungsprozesse.

Das Wirkungsprozesskettenmodell fordert eine Abkehr von der Inputorientierung und die Hinwendung zur outcome-orientierten Steuerung. Diese Betrachtungsweise erlaubt die transparente

---

[86] Vgl. Prinz (2015), 371 ff.

Darstellung der Wirkungsziele und kann fundierte Argumente bei Diskussionen hinsichtlich des Legitimationsdrucks in der Sozialwirtschaft bieten. Dieses Modell setzt allerdings einen sozialpolitischen Konsens der Akteure voraus.

Die so gewonnenen Informationen, bei deren Eruierung eine pragmatische Vorgangsweise einer hochkarätigen wissenschaftlichen Arbeit vorzuziehen ist[87], können in Form von Indikatoren in die unterschiedlichen Performance Measurement Systeme, wie zum Beispiel das EFQM oder die BSC, integriert werden.[88]

1.5. Schlussfolgerungen

Um ein wirkungsorientiertes, strategisches Steuerungsinstrument erfolgreich in der Organisation zu implementieren, sollte Folgendes beachtet werden:

Das Steuerungsinstrument muss auf einem fortschrittlichen Performance Measurement System basieren, welches

- die Ausgewogenheit von finanziellen und nichtfinanziellen Kennzahlen und Indikatoren,

- eine enge Koppelung von strategischer und operativer Planung sowie

- eine organisationsspezifische Stakeholderorientierung

ermöglicht.[89]

Darüber hinaus muss diesem Instrument die Integration von Indikatoren, welche die Leistungswirkungen darstellen, gelingen.

Bezug nehmend auf diese Ansprüche können die bereits vorgestellten Performance Measurement Systeme im Hinblick auf die Ausgewogenheit und den Zusammenhang ihrer Kennzahlen folgendermaßen eingeschätzt werden:

---

[87]   Vgl. Bono (2006), 145.
[88]   Vgl. Halfar (2010), 71 ff.
[89]   Vgl. Stötzer (2009), 65.

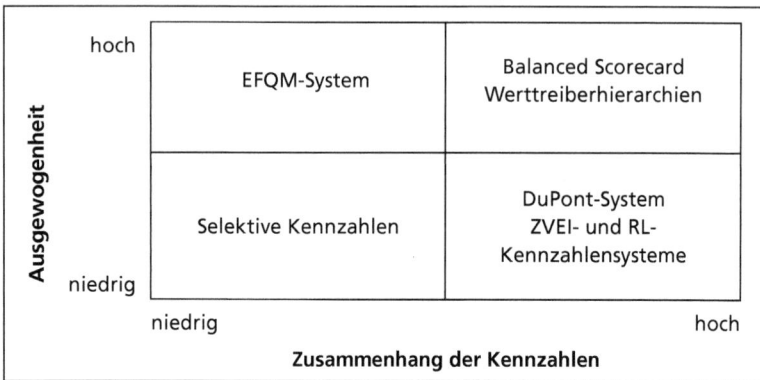

Abbildung 12: Ausgewogenheit und Zusammenhang von Kennzahlen in PM-Systemen[90]

DuPont-, ZVEI- und Rentabilitäts-Liquiditäts-Kennzahlensysteme erweisen sich häufig als monodimensional. Sie messen zumeist nur eine Steuerungsdimension, sind vergangenheitsorientiert und an monetären Erfolgsgrößen orientiert. Sie zeigen daher häufig nur den kurzfristigen Erfolg und vernachlässigen intangible Assets. Auf Grund der zu geringen Verkoppelung mit den strategischen Zielsetzungen einer Organisation tendieren sie dazu, zu spät auf strategische Veränderungen aufmerksam zu machen. Aus diesen Gründen drohen sie in Situationen hoher Komplexität und Unsicherheit zu versagen.[91]

Das EFQM-Modell zeichnet sich zwar durch die Ausgewogenheit der Kennzahlen aus, deren Zusammenhang jedoch als niedrig zu bezeichnen und empirisch nicht begründet ist.

Im Gegensatz zu den genannten Performance Measurement Systemen scheint die BSC mit ihrem ganzheitlichen Ansatz, ihrer multiperspektivischen, stakeholderorientierten Betrachtung, ihrer Einbeziehung von Frühindikatoren sowie der möglichen Integration von Leistungswirkungen und EFQM-Kategorien noch am besten geeignet zu sein.

Ob dies tatsächlich der Fall ist bzw. ob soziale Organisationen die BSC im Einsatz haben, habe ich untersucht. Die Ergebnisse stelle ich in Kapitel 2 vor.

---

[90] Abbildung verändert entnommen aus: Weber/Schäffer (2011), 189.
[91] Vgl. Weiss et al. (2008), 140.

„Measure what is important,
don't make important
what you can measure"

(Robert McNamara)

2. Herausforderungen und Bedürfnisse der Organisationen hinsichtlich ihrer Leistungsmessung

Um ein wirkungsorientiertes und praxisrelevantes Performance Measurement System entwickeln zu können, ist es unumgänglich, die Herausforderungen und Bedürfnisse der Organisationen hinsichtlich ihrer Leistungsmessung zu kennen.

Daher wurden von mir die Gründe für die Anwendung oder die Nichtanwendung einer Balanced Scorecard, die verwendeten Methoden und Tools zur Planung und Steuerung sowie die bisher gesetzten Aktivitäten und Reaktionen der Sozialorganisationen hinsichtlich des Anspruchs auf wirkungsorientierte Leistungsmessung erfragt und analysiert.

Der Forschungsablauf orientierte sich bei beiden Erhebungen an den von Atteslander vorgeschlagenen fünf Phasen Problembenennung, Gegenstandsbenennung, Durchführung der Befragung, Analyse und Verwertung der Ergebnisse.[92]

2.1 Forschungsergebnisse: Die Balanced Scorecard in SPOs

Befragt wurden die oberösterreichischen Sozialorganisationen, die von der Sozialabteilung des Landes Oberösterreich im Jahr 2012 zum Teil oder zur Gänze gefördert wurden bzw. vorangemeldet waren. Dies waren 296 Organisationen. Die Datenerhebung – ein standardisierter Fragebogen – und die Datenanalyse erfolgten mit dem Online-Tool 2ask. Die Rücklaufquote des Fragebogens betrug 27,36 Prozent (81 Organisationen).

---

[92] Vgl. Atteslander (2010), 17 ff.

2.1.1 Charakteristische Merkmale der befragten Organisationen

Die Tätigkeitsbereiche der Organisationen
Die Mehrzahl der Organisationen ist im Bereich der Betreuung tätig. Weitere relevante Tätigkeitsbereiche stellen Bildung und Beeinträchtigung dar. Unter den Bereich Andere fallen sieben Einrichtungen, die den Bereich Pflege angeben, sowie verschiedene Einzelnennungen.

Die Rechtsformen der Organisationen
Die häufigste Rechtsform stellt die des Vereins dar. Die zweitbedeutende Rechtsform ist die der GmbH. Unter den Bereich Andere fallen sieben Körperschaften öffentlichen Rechts, fünf Verbände sowie eine AG. Mehr als ein Drittel der Organisationen ist auch gemeinnützig, kirchlich oder mildtätig.

Die Anzahl der Mitarbeiter der Organisationen
Hinsichtlich der Beschäftigung dominieren Organisationen zwischen 50 und 99 Mitarbeiter. Die Hälfte der Einrichtungen beschäftigt zwischen 50 und 199 Personen. Etwa ein Drittel der Organisationen beschäftigt weniger als 50 Mitarbeiter.

Die Finanzierungsformen der Organisationen
Die dominanten Finanzierungsformen sind Tagessätze und Subventionen. Leistungsentgelte auf Basis von Leistungsverträgen, Eigenerwirtschaftung, Spenden und Mitgliedsbeiträge bilden weitere wichtige Finanzierungsmöglichkeiten.

Das Alter der Organisationen
Das durchschnittliche Alter der 81 Organisationen beträgt 37 Jahre. Die Hälfte ist älter als 27 Jahre. Die Jüngste besteht seit fünf, die Älteste seit 177 Jahren.

2.1.2 Planung und Steuerung der Organisationen

Methoden der Planung und Steuerung
Zur Planung und Steuerung der Organisationen wird überwiegend die Vollkostenrechnung angewandt. Häufige Verwendung finden auch Deckungsbeitragsrechnung und Stundensatzkalkulationen.

Betrachtet man die verwendeten Methoden der Kosten- und Leistungsrechnung hinsichtlich der Organisationsgrößen, zeigt sich, dass nahezu die Hälfte der Organisationen unter 20 Beschäftigten eine Vollkostenrechnung anwendet. Die Stundensatzkalkulation und die Deckungsbeitragsrechnung wird von je einem Fünftel dieser Einrichtungen genutzt.

In Organisationen mit 20 bis 49 Beschäftigten dominiert die Deckungs-beitragsrechnung. Bei Organisationsgrößen ab 50 Beschäftigten wird wieder die Vollkostenrechnung gefolgt von Deckungsbeitrags-rechnung und Stundensatzkalkulation bevorzugt.

Verwendete IT-Tools zur Planung und Steuerung
Als meist verwendetes IT-Tool erweist sich die selbsterstellte Excel-Tabelle. Einige Organisationen nutzen auch SAP.

Betrachtet man die verwendeten IT-Tools zur Planung und Steuerung hinsichtlich der Organisationsgrößen, zeigt sich, dass Organisationen unter 20 Beschäftigten nahezu ausschließlich mit selbsterstellten Excel-Tabellen arbeiten. Erst bei Organisationsgrößen ab 20 Beschäf-tigten werden weitere EDV-Programme wie BMD und SQL verwendet. Ab Organisationsgrößen von 50 Beschäftigten wird, neben weiteren Programmen, bereits SAP eingesetzt. Selbsterstellte Excel-Tabellen bleiben weiterhin ein wichtiges Tool.

Institutionalisierung des Controllings in den Organisationen
Die Agenden des Controllings werden überwiegend in der Buchhal-tung erledigt. Ein Drittel der Organisationen hat ihr Controlling in einer eigenen Stabstelle angesiedelt. In 11 Einrichtungen wird diese Funktion von der Leitung wahrgenommen.

Betrachtet man die Institutionalisierung des Controllings hinsicht-lich der Organisationsgrößen, zeigt sich, dass Organisationen, die weniger als 50 Mitarbeiter beschäftigen, die Funktion des Control-lings überwiegend in der Geschäftsführung in Zusammenarbeit mit der Buchhaltung erledigen.

Erst ab Organisationsgrößen von mehr als 50 Beschäftigten gewinnt eine eigene Stabstelle für Controlling an Bedeutung. Die Erledigung der Aufgaben des Controllings durch die Geschäftsführung in Zusam-menarbeit mit der Buchhaltung bleibt aber auch in diesen Organisa-tionen leicht dominant.

2.1.3 Anwendung der Balanced Scorecard

Die Balanced Scorecard wurde zum Befragungszeitraum in neun oberösterreichischen Sozialorganisationen angewandt.

Die BSC wird vor allem von Organisationen, die in den Bereichen Be-treuung und Bildung tätig sind, verwendet. In den Tätigkeitsbereichen Armut und Rehabilitation wird sie nicht angewandt.

Betrachtet man die Verwendung der BSC hinsichtlich der Rechtsform der Organisationen, so zeigt sich, dass sie überwiegend von
GmbHs genutzt wird.

Die BSC wird vor allem in Organisationen, die mehr als 100 Mitarbeiter beschäftigen, verwendet. Geringen Einsatz findet sie bei
einer Beschäftigtenanzahl zwischen 20 und 99 Mitarbeitern. In
Organisationen, die weniger als 20 Mitarbeiter beschäftigen, wird
die BSC nicht verwendet.

Hinsichtlich der Finanzierungsformen kann gesagt werden, dass sich
Organisationen, welche die BSC anwenden, vor allem über Tagessätze, Subventionen, Leistungsentgelte auf Basis von Leistungsverträgen und Eigenerwirtschaftung finanzieren. Mitgliedsbeiträge
und Spenden spielen bei diesen Organisationen eine geringere
Rolle.

Die bevorzugten Kostenrechnungsarten der Organisationen, welche die BSC anwenden, sind die Vollkosten-, die Deckungsbeitrags-,
und die Prozesskostenrechnung. Von einem geringeren Teil wird die
Stundensatzkalkulation verwendet. Eine Organisation steuert mittels fixen Leistungsentgelten nach gesetzlich festgelegten Tarifen.
Die Zuschlagskalkulation wird von keiner dieser Organisationen
verwendet.

Sofern eine BSC angewandt wird, verfügen mehr als die Hälfte der
Organisationen über SAP zur Planung und Steuerung. In nicht unbedeutendem Ausmaß werden auch selbsterstellte Excel-Tabellen
verwendet. Des Weiteren wurden die Tools Atoss und Careplan
genannt.

Wenn Organisationen die BSC verwenden, ist Controlling zu gleichen Teilen in einer eigenen Stabstelle oder in der Buchhaltung angesiedelt. Weiters wurden die Controllingaufgaben entweder von
der Heimleitung, der kaufmännischen Direktion oder vom Geschäfts-
leitungsteam wahrgenommen.

Prioritäten der verwendeten Perspektiven
Organisationen, die eine BSC verwenden, betonen die Wichtigkeit
der Kundenperspektive. Als weitere wichtige Perspektive wird die
Finanzperspektive, gefolgt von den Perspektiven der Mitarbeiter
und der Prozesse genannt.

Die Innovationsperspektive wird als weniger wichtig betrachtet.

Erwartungen an die BSC vor ihrer Implementierung
Vor der Implementierung der BSC wurden vor allem an ihre Funktionalität als organisatorischer Rahmen für Planung und Kontrolle sehr hohe oder hohe Erwartungen gestellt.

Ebenfalls sehr hohe oder hohe Erwartungen wurden an sie hinsichtlich der Klärung von Vision und Strategie, der Verbesserung der Leistungsmessung, der Integration von operativem und strategischem Controlling, einem strategischen Feedback sowie der Prozessorientierung und Prozessoptimierung gestellt.

Nur von wenigen Einrichtungen wurden sehr hohe oder hohe Erwartungen an die BSC hinsichtlich der externen Leistungsdarstellung sowie dem Erringen von Wettbewerbsvorteilen gestellt.

Erfüllungsgrad der Erwartungen an die BSC
Die an sie gestellten Anforderungen konnte die BSC in den meisten Fällen zumindest zum Teil erfüllen.

Bei zwei Organisationen haben sich die Erwartungen zur Gänze erfüllt. Die Gründe dafür wurden von ihnen nicht argumentiert.

Bei sechs Organisationen haben sich die Erwartungen nur zum Teil erfüllt, weil es Probleme bei der Strategieumsetzung und der Definition qualitätsrelevanter Kennzahlen gab, unterschiedliche Zielvorstellungen vorhanden waren, Schwierigkeiten bei der Datenerhebung auftraten, die Implementierung in die Teilorganisationen nicht wie gewünscht voranschritt oder allgemein die Umsetzung nicht funktionierte.

Die Erwartungen haben sich bei einer Organisation nicht erfüllt, weil Menschen keine Produkte seien und alte Menschen ihre eigenen Perspektiven zur Lebensqualität entwickeln würden.

2.1.4 Nichtanwendung der Balanced Scorecard

Die überwiegende Mehrheit der Sozialorganisationen verwendet keine Balanced Scorecard.

Die geringe Kenntnis über die BSC ist der häufigste Grund ihrer Nichtanwendung. Als weitere relevante Gründe, sie nicht zu nutzen, wurden der Aufwand hinsichtlich ihrer Entwicklung und Anwendung sowie ihre vermutete Vorteilslosigkeit genannt.

Die Kosten ihrer Entwicklung sind nur für acht Organisationen der Grund der Nichtanwendung.

Als weitere nennenswerte Gründe wurden mangelnde Akzeptanz, nicht vorhandene Notwendigkeit, mangelnde Aufwands-Nutzen-Relation und die Organisationsgröße angeführt.

Hinsichtlich der Organisationsform wird die Balanced Scorecard vor allem in Vereinen nicht angewandt.

Ähnlich wie bei den Organisationen, welche die BSC anwenden, finanzieren sich diejenigen Organisationen, die sie nicht anwenden, vor allem über Subventionen, Tagessätze und Leistungsentgelte auf Basis von Leistungsverträgen und Eigenerwirtschaftung.

Jedoch spielen bei Organisationen, welche die BSC nicht anwenden, Mitgliedsbeiträge und Spenden eine größere Rolle.

Die bevorzugten Kostenrechnungsarten der Organisationen, welche die BSC nicht anwenden, sind die Vollkosten- und Deckungsbeitragsrechnung sowie die Stundensatzkalkulation.

Von einem geringeren Teil werden die Prozesskostenrechnung, die Zuschlagskalkulation und andere Methoden, wie zum Beispiel halbjährliche Klausuren mit qualitativen Zielprüfungsmethoden, verwendet.

Sofern keine BSC angewandt wird, werden zur Planung und Steuerung der Organisation überwiegend selbsterstellte Excel-Tabellen verwendet. In nicht unbedeutendem Ausmaß verfügen diese Organisationen über SAP.

Des Weiteren wurden die Tools BMD, Landescontrollingblatt, Professional Planer, MACH, Access- bzw. SQL-Datenbanken und Corporate Planner genannt.

In Organisationen, in denen keine BSC verwendet wird, ist das Controlling zumeist in der Buchhaltung angesiedelt. Jedoch verfügt ein Drittel dieser Organisationen über eine eigene Stabstelle. In der Kategorie Andere wurde vor allem die Geschäftsführung genannt.

Prioritäten der Perspektiven bei einer möglichen Einführung der BSC
Organisationen, die aktuell keine BSC verwenden, würden bei ihrer Entwicklung vor allem die Kunden- und Finanzperspektive berücksichtigen.

Ein Vergleich der Prioritäten der Perspektiven zwischen Organisationen, welche die BSC verwenden, und jenen, die sie noch nicht verwenden, zeigt keine markanten Unterschiede.

2.1.5 Demographische Daten der Antwortpersonen

Das Alter der Antwortpersonen
Das durchschnittliche Alter von 80 antwortenden Personen beträgt 45,60 Jahre. Die Jüngste ist 27, die Älteste 63 Jahre. Die Hälfte der Personen ist älter als 46 Jahre.

In Organisationen, welche die BSC verwenden, beträgt das durchschnittliche Alter der neun antwortenden Personen 43,50 Jahre. Die Jüngste ist 30, die Älteste 57 Jahre. Die Hälfte der Personen ist älter als 44,50 Jahre.

In Organisationen, welche die BSC nicht verwenden, beträgt das durchschnittliche Alter der 71 antwortenden Personen 45,93 Jahre. Die Jüngste ist 27, die Älteste 63 Jahre. Die Hälfte der Personen ist älter als 47 Jahre.

Die Geschlechterverteilung der Antwortpersonen
Die Geschlechterverteilung der Antwortpersonen ist sehr ausgewogen. In Organisationen, die aktuell keine BSC verwenden, ist die Geschlechterverteilung mit je 50 Prozent absolut ausgewogen. Organisationen, die eine BSC verwenden, unterscheiden sich durch einen etwas höheren Männeranteil von 55,56 Prozent.

Funktionen der Antwortpersonen
Überwiegend nahmen Geschäftsführer die Beantwortung des Fragebogens vor. Unter „Anderen Funktionen" befinden sich verschiedene Leitungsfunktionen, darunter 11 Heimleiter.

2.1.6 Schlussfolgerungen

Aus den vorliegenden Ergebnissen der empirischen Untersuchung werden nun diejenigen explizit dargestellt, welche hinsichtlich der Planung, der Steuerung und des Controllings in SPOs praxisrelevanten Einfluss auf ihre Anwendung, ihren Nutzen und ihre Kosten haben.

Ergebnisse hinsichtlich der Perspektiven
Alle Organisationen priorisieren die Kundenperspektive. Betont wird auch die Finanzperspektive. Dahinter werden die Mitarbeiter- und Prozessperspektive gereiht.

Die Priorisierung der Perspektiven durch Organisationen, welche die BSC bereits anwenden, und den Organisationen, die sie aktuell nicht anwenden, unterscheidet sich in den beiden Kategorien „sehr hohe Bedeutung" und „hohe Bedeutung" nicht maßgeblich.

Daraus folgt, dass der Kundenperspektive hohe Priorität eingeräumt werden muss.

Ergebnisse hinsichtlich der IT-Tools
Als meist verwendetes IT-Tool erweist sich die selbsterstellte Excel-Tabelle. In Organisationen mit weniger als 20 Beschäftigten wird sie nahezu ausschließlich angewandt. In Organisationen mit weniger als 50 Beschäftigten scheint sie ebenfalls dominant. Selbst in Organisationen mit mehr als 50 Beschäftigten bleiben selbsterstellte Excel-Tabellen ein wichtiges Instrument zur Planung und Steuerung.

Daraus folgt, dass selbsterstellte Excel-Tabellen zur Anwendung der BSC ausreichen müssen.

Ergebnisse hinsichtlich der Institutionalisierung des Controllings
Hinsichtlich der Institutionalisierung kann davon ausgegangen werden, dass die Aufgaben des Controllings zumeist von den Leitungsfunktionen, hauptsächlich der Geschäftsführung, in Zusammenarbeit mit den Beschäftigten der Buchhaltung oder des Rechnungswesens wahrgenommen werden.

Daraus folgt, dass diese Mitarbeiter über die Zeitressourcen zur Verwaltung der BSC verfügen müssen.

Ergebnisse hinsichtlich der Nichtanwendung der Balanced Scorecard
Als Gründe für die Nichtanwendung der BSC wurden die mangelnde Akzeptanz der Belegschaft, der Aufwand hinsichtlich ihrer Entwicklung und Anwendung und die geringe Größe der Organisationen angegeben.

Des Weiteren führten unterschiedliche Zielvorstellungen zu ihrer Nichtanwendung.

Daraus folgt, dass vorerst durch geeignete Maßnahmen, wie zum Beispiel transparente Definition und klare Kommunikation der Mission, das Commitment und gemeinsame Zielvorstellungen der Mitarbeiter und Führungskräfte hergestellt werden müssen.

Folgerungen für die Balanced Scorecard in SPOs
Basierend auf den Ergebnissen der empirischen Untersuchung muss eine Balanced Scorecard, um eine realistische Chance auf Entwicklung und Umsetzung in Social-Profit-Organisationen zu haben, folgende Eigenschaften aufweisen und Anforderungen erfüllen:

- Eine klar definierte und verständliche Mission
- Die Kundenperspektive hat hohe Priorität
- Akzeptanz bei Führungskräften und Mitarbeitern
- Von Mitarbeitern in der Buchhaltung verwaltbar
- Mit selbsterstellten Excel-Tabellen darstellbar

Die Relevanz der angeführten Folgerungen zeigt sich auch in der offensichtlichen Übereinstimmung mit den im theoretischen Teil dieses Buches bereits beschriebenen Ansprüchen an die BSC.

2.2 Forschungsergebnisse: Wirkungsorientiertes Performance Measurement in SPOs

Um sich einer Antwort auf die eingangs gestellten Fragen nach einer praxisrelevanten, wirkungsorientierten Leistungsmessung, deren Grenzen und den daraus resultierenden Konsequenzen hinsichtlich eines Performance Measurement Systems zu nähern, ist auch die Betrachtung der Praxissituation hinsichtlich wirkungsorientierter Leistungsmessung in SPOs notwendig.

Aus diesem Grund wurden von mir Experten aus Theorie und Praxis befragt.

2.2.1 Problem- und Fragestellung

Um den bereits beschriebenen Herausforderungen zu genügen, scheint für SPOs Handlungsbedarf hinsichtlich ihrer Leistungsdarstellung gegeben.

Daraus resultieren folgende Fragen:

- Wie reagieren SPOs auf diese Anforderungen?
- Können sie dem Anspruch an wirkungsorientierte Leistungsmessung gerecht werden?
- Welche Instrumente und Methoden verwenden sie dazu?
- Wo stoßen sie dabei an Grenzen?
- Welche Methoden und Maßnahmen werden von Vertretern der Forschung und Lehre empfohlen?
- Und letztlich: Rechtfertigen die Ergebnisse den Aufwand?

2.2.2 Forschungsgegenstand

Forschungsgegenstand waren die Aktivitäten und Reaktionen oberösterreichischer SPOs unterschiedlicher Größe und Tätigkeitsbereiche sowie die theoretisch empfohlenen Maßnahmen, welche hinsichtlich des Anspruchs auf wirkungsorientierte Leistungsmessung bisher gesetzt bzw. vorgeschlagen wurden.

2.2.3 Forschungsmethode

Hinsichtlich des explorativen Charakters der Problemstellung entschied sich der Autor für eine qualitative Methode in Anlehnung an Mayring[93], da diese durch ihren offenen Zugang Informationen ermöglicht, welche quantitative Methoden durch den höheren Grad ihrer Standardisierung unter Umständen ausschließen.[94]

Die Auswahl der untersuchten SPOs erfolgte durch eine Vorab-Festlegung[95] unter dem Kriterium der Anzahl ihrer Beschäftigten, da der Autor davon ausgeht, dass die Möglichkeiten einer wie immer gestalteten Leistungsmessung in Abhängigkeit von der Organisationsgröße variieren.

Als Experten der Praxis wurden Geschäftsführer und Controller der SPOs identifiziert.[96] Als Experten der Theorie wurden Personen der Forschung und Lehre, welche sich mit der Thematik der Leistungsmessung in NPOs beschäftigen und an der Johannes Kepler Universität Linz oder an der FH OÖ tätig sind, identifiziert.

So wurden zwei Experten der Theorie sowie fünf Geschäftsführer und ein Controller befragt, welche in sechs SPOs in der Größe von einem bis ca. 3000 hauptamtlichen Mitarbeitern tätig sind.

Der Interviewleitfaden umfasste folgende drei Stimuli, welche in ihrer Formulierung den interviewten Personen angepasst wurden:[97]

- Welche Auswirkungen hat der Anspruch an wirkungsorientierte Leistungsmessung für die Organisation?
- Welche Performance Measurement Systeme werden verwendet?
- Was würden Sie sich hinsichtlich wirkungsorientierter Leistungsmessung vom Kostenträger wünschen?

---

[93] Vgl. Mayring (2000), 3 f. / Mayring (2008), 58 ff.
[94] Vgl. Mayr (2006), 24.
[95] Vgl. Mayr (2006), 38 f.
[96] Vgl. Mayr (2006), 40 f.
[97] Vgl. Atteslander (2008), 124.

Im Laufe der Erhebung stellte sich heraus, dass der Standpunkt und die Erwartungen des Kostenträgers an die SPOs hinsichtlich wirkungsorientierter Leistungsmessung klärungsbedürftig sind. Daher wurde ein Interview mit einem Vertreter der Sozialabteilung des Landes Oberösterreich zu folgender Frage geführt:

- Wie stehen Sie zur wirkungsorientierten Leistungsmessung in SPOs?

2.2.4 Forschungsergebnisse

Die Antworten auf die gestellten Fragen werden in den deduktiv definierten Kategorien

- Auswirkungen des Anspruchs an wirkungsorientierte Leistungsmessung,
- aktuell verwendete Performance Measurement Systeme,
- Wünsche an den Kostenträger,
- Anspruch des Kostenträgers

sowie die induktiv gewonnenen Kategorien

- kritische Reflexion des SROI,
- Herausforderungen bei der Leistungswirkungsmessung und
- Handlungsempfehlungen zur Leistungswirkungsmessung

dargestellt.

Zur Verdeutlichung wurden den zusammengefassten Inhalten prägnante Zitate der Befragten angefügt.

2.2.4.1. Die Auswirkungen des Anspruchs an Leistungswirkungsmessung

Das Thema „Leistungswirkungsmessung" wurde bereits bei der Mehrzahl der befragten SPOs thematisiert. Nur für die kleinste Organisation war sie bisher kein Thema.

Die in der Folge von zwei SPOs gesetzten Maßnahmen waren die Durchführung von Aktivitäten, die Wirkung erzielen, aber nicht gemessen werden, die Einbeziehung von Leistungswirkung in den Leistungsvertrag sowie die permanente Weiterentwicklung des Kennzahlensystems an den Richtlinien des Kostenträgers.

Drei SPOs haben bereits versucht die Leistungswirkung mittels des Instruments Social Return of Investment (SROI) darzustellen. „Das hat alles geschlagen an Bürokratie, was man sich vorstellen kann. (…) Wenn sie ein Viertel der Zeit brauchen, nur um eine Behörde oder ein begleitendes Verfahren (…) nur um nachweisen zu können, dass bestimmte Wirkungen erzeugt werden, die man auch wieder hinterfragen kann, (…) da stellst dir schon die Frage ganz stark (…)".

Eine SPO führt weiterhin die SROI-Berechnungen in bestimmten Zeitabständen durch.

Eine weitere hat über den SROI bereits diskutiert, eine andere plant die Entwicklung einer Balanced Scorecard.

Allgemein wurde der hohe Aufwand bezüglich des aktuellen Berichtswesens kritisiert – auch ohne Leistungswirkungsmessung. Dies gilt insbesondere dann, wenn eine SPO von mehreren Kostenträgern finanziert wird und dadurch Parallelsysteme entstehen. Diese Parallelsysteme wurden von einer Person so kommentiert: „Das ist ineffizient, das ist Ressourcenverschwendung."

Als weitere Auswirkungen wurde angeführt, dass durch die aktuellen gesellschaftlichen und politischen Entwicklungen der Kostenträger als der wichtigste Stakeholder betrachtet wird und so die Bedürfnisse der Leistungsempfänger in den Hintergrund treten. Zudem wird befürchtet, und dass die „voice-function (…) dabei unter die Räder kommt".

Die Leistungswirkungsmessung wird besonders bei kleinen SPOs als Überforderung der Organisation empfunden, weil die Ressourcen dazu weder in zeitlicher, personeller noch in finanzieller Hinsicht vorhanden sind und diese Entwicklung die großen SPOs stärkt.

Nach Ansicht einer befragten Person wird die Leistungswirkungsmessung ein „first mover-Thema sein und es wird ein Machtthema sein bei denen, die dabei sind, ganz einfach".

2.2.4.2 Aktuell verwendete Performance Measurement Systeme

Alle befragten SPOs verwenden selbstentwickelte Performance Measurement Systeme (PM-Systeme), deren Kennzahlen auf den Vorgaben der Kostenträger basieren und um organisationsrelevante, selbst definierte Kennzahlen und Indikatoren erweitert werden.

Hinsichtlich dieser selbstentwickelten PM-Systeme geben die Hälfte der Befragten an, dass die klassischen monetären und quantitativen Kennzahlen im Vordergrund stehen. „Wir versuchen festzustellen, wo sind die Nöte und versuchen auf die Nöte zu reagieren, aber dass wir uns konzentriert mit Wirkungsorientierung befassen, das wäre übertrieben."

In zwei SPOs werden qualitative Indikatoren für Zufriedenheits-analysen verwendet.

Den Aussagen ist nicht zu entnehmen, dass bei den selbstentwickelte PM-Systemen das Wirkungsgefüge von strategischen Zielen oder Kennzahlen betrachtet wird.

Auch spielt die Unterscheidung zwischen Effect, Impact und Out-come nur für zwei SPOs eine Rolle.

Die in der Literatur vorgeschlagenen PM-Instrumente (einige davon vorgestellt in Kapitel 1) sind in ihrer Reinform in der Praxis der SPOs kaum anzutreffen.

2.2.4.3 Die kritische Reflexion des SROI

Diejenigen SPOs, die bereits versucht haben die Leistungswirkung mit dem Instrument „Social Return on Investment (SROI)" darzustel-len, gaben als Gründe dafür an, ihn als Argumente für die Gesell-schaft und gegen die Kürzungen der Finanzierung sowie als Recht-fertigung ihrer Gemeinnützigkeit zu benutzen.

Eine Person gab an, ein Vorteil, den SROI selbst zu berechnen, sei darin zu sehen, dass er nicht von externen Institutionen, wie z. B. Wirtschaftsprüfungskanzleien, welche die Geschäftsmodelle von SPOs gar nicht verstehen, berechnet wird.

Als weiterer Vorteil wird von einer Person die Pionierrolle, ein SROI-Modell zu entwickeln um Benchmarking zu ermöglichen, genannt.

Von einer Person wird der SROI als Folge der Entsolidarisierung der Gesellschaft gesehen: „Der Indikator, der bei den meisten Menschen zieht, ist einfach der ökonomische."

Die Probleme zur Berechnung des SROI wurden von den befragten Personen vor allem in der Kostenintensität, der Berücksichtigung des „Sozialen" sowie der unterschiedlichen Berechnungen des SROI gesehen. Eine Person meinte dazu: „(...) wo wir wirklich angestan-den sind, war genau dieser soziale Aspekt, genau das was ich eigentlich monetär bewertet umibringen (vermitteln, Anmerkung des Autors) wollte, ist schwierig, weil ich mich schönrechnen kann."

Die Kostenintensität resultiert vor allem aus der notwendigen Unterstützung durch externe Unternehmensberatung. Eine Person meinte dazu: „Das (den SROI, Anmerkung des Autors) können wir uns als Organisation nicht mehr leisten. Da soll sich wer anderer damit beschäftigen, da haben wir weder Zeit noch Geld, dass man sich mit so gesellschaftliche Geschichten befasst."

Schließlich wurde von einer Person angemerkt, dass der SROI hinsichtlich der Eigeninteressen der Organisation missbraucht wird.

Letztlich wurde der SROI von der Hälfte der befragten Personen als wenig sinnvoll bezeichnet. Eine Person drückte diese Meinung so aus: „Wenn man eine Menge zu tun hat und eine Menge vor hat, dann ist das (der SROI, Anmerkung des Autors) eine Methode und man muss fragen: Was wollen wir denn ganz genau damit? Was bringt's uns denn? Und das Menschenbild kommt auch dazu". Unter weiter: „Die Verteilungsfrage nimmt nur beschränkt Rücksicht darauf, was irgendwer vorrechnet."

Eine weitere Person meinte: Der SROI „ist ein theoretisches Thema, mit dem viele Leute viel Zeit verbringen" und er „ist kein Instrument, von dem ich als Einrichtung profitieren kann".

Aus diesen Gründen sollte die Outcome-Messung Aufgabe der Kostenträger sein.

2.2.4.4 Die Herausforderungen bei der Leistungswirkungsmessung

Eine große Herausforderung bei der Leistungswirkungsmessung sieht die Mehrheit der befragten Personen in der Frage, was eigentlich gemessen werden soll. Der Standpunkt der Kostenträger zu dem Thema wird als diffus empfunden. Eine Person formulierte dies so: „Was misst man eigentlich, welche Schlüsse zieht man daraus und welche Einflüsse gibt es noch?."

Weitere Herausforderungen werden in der Definition von Wirkung und der nicht eindeutigen Zieldefinition gesehen. Eine Person stellte die Frage: „Was will ich, was will der Kostenträger an Wirkung?"

So haben einige Befragte den Eindruck, dass der ökonomische Druck die Zielsetzungen dominiert. Eine Person merkt an, dass sich das von den Kostenträgern verwendete wording zwar auf die Qualität bezieht, aber „in Wahrheit geht es sehr oft um den Preis".

Des Weiteren vermutet eine Person, dass mit dem Argument der Qualität Kennzahlen sehr oft dazu verwendet werden, um in einem kleinen Feld von Anbietern den Preis zu drücken.

Große Herausforderungen sehen die Befragten in der Datenerhebung zur Leistungswirkungsmessung. So werden als Schwierigkeiten insbesondere genannt:

- die nicht vereinheitlichbare IST- oder Problemsituation der Klienten vor Leistungserbringung,

- die Schwierigkeit der Datenerhebung von Klienten nach Verlassen der Maßnahmen und

- das Problem der Nichtbefragbarkeit mancher Zielgruppen.

Die aktuell zu Vergleichen herangezogenen Kennzahlen werden als nicht zielführend bezeichnet.

Auch wird ein einziges Berichts-Softwareprogramm für verschiedene Einrichtungen als nicht aussagekräftig gesehen, da es nicht misst, was es messen soll.

So konstatieren die befragten Personen, dass ein gemeinsames Instrument zur Leistungswirkungsmessung fehlt, welches Vergleiche erlaubt und qualitative Faktoren, die über den Output hinausgehen, beinhaltet.

Von den befragten Personen wird wahrgenommen, dass persönliche Gespräche mit den Kostenträgern zunehmend durch standardisierte Berichte ersetzt werden. Eine Person meint dazu: „Die zunehmende Standardisierung ist hinsichtlich der häufig erklärungsbedürftigen Zahlen (über die Klienten, Anmerkung des Autors) kritisch zu sehen".

Als Konsequenz daraus wird von einer Person die Frustration des Personals gesehen: „Die wollen nicht Papierl ausfüllen, die wollen an der Sache, im Feld arbeiten".

Dies kann zu einer Vermeidungshaltung gegenüber einer Standardisierung im Besonderen und der Leistungswirkungsmessung im Allgemeinen führen. Die Bedenken mancher Sozialarbeiter werden von einer befragten Person so geschildert: „(...) wir sind eh so sozial und wir machen eh lauter gute Dinge" und weiter: „(...) das brauchen wir ja nicht". Diese Person verortet diese Vermeidungshaltung aber auch im Management mancher SPOs: „Lieber Controller, soweit darfst du gehen und weiter nicht".

Von der Mehrheit der befragten Personen werden der hohe Aufwand und die Kosten für die Leistungswirkungsmessung, die nicht in Relation zur Organisationsstruktur stehen, thematisiert. Eine Person drückt dies folgendermaßen aus: „Ich muss meine Energie wo anders einsetzen (...) das hat in dieser kleinen Organisationsstruktur keinen Sinn".

Eine Person bemerkt, dass die für die Leistungswirkungsmessung eingesetzten Mittel den SPOs zur Missionsverwirklichung fehlen, und eine andere Person folgert, dass daher die Durchführbarkeit von Leistungswirkungsmessung in kleinen Organisationen nicht gegeben ist.

Im Gegensatz dazu meint eine Person: „Natürlich kostet es Geld, im Sinne von Personaleinheiten, nur ich glaub, das ist gut investiertes Geld. Weil sich dann die Sozialorganisationen besser aufstellen können (...). Also, ich glaub dass das g'scheit ist".

Eine weitere Herausforderung wird von SPOs, die von mehreren Kostenträgern finanziert werden, in den unterschiedlichen Berichtsformen gesehen; sie erschweren das Benchmarking.

Den Kostenträgern wird unterstellt, nicht zwischen den großen und kleinen Einrichtungen zu unterscheiden. Eine Person meint dazu: „Die Kleinen und Mittleren (SPOs, Anmerkung des Autors) können das eigentlich kaum dablosen" (leisten, Anmerkung des Autors).

Eine Person hält eine Leistungswirkungsmessung ohne Einigkeit bei den Kostenträgern für obsolet.

Eine weitere Person meint, dass diese Nichtabstimmung der öffentlichen Hand Mehrkosten verursacht.

Auch die Konkurrenz unter den SPOs wird von einigen Befragten als Problem gesehen.

So werden von einer Person Vernetzungen von SPOs hinsichtlich der Leistungswirkungsmessung aus Kosten- und Konkurrenzgründen ausgeschlossen: „Es wird da keinen Schulterschluss der NPOs geben".

Letztlich wird von einigen Personen die mangelnde Praxisrelevanz mancher Theoretiker kritisiert, die mit Ausnahme des Outcome weitere Formen der Leistungswirkungsmessung in der klassischen Literatur zu wenig berücksichtigen.

Abschließend fasste eine befragte Person zusammen: „Es wird selten so viel gemessen wie im Gesundheitssystem, und selten haben sie so viel Misswirtschaft".

2.2.4.5 Handlungsempfehlungen zur Leistungswirkungsmessung

Um eine Leistungswirkungsmessung zu ermöglichen, muss nach Ansicht einer befragten Person die Einstellung „es wird schon gut gehen, ist eh früher auch gut gegangen" überwunden werden.

Unabhängig vom Kostenträger sollten nach Meinung einer Person SPOs Interesse an der Leistungswirkung haben, um ihre Mission zu überprüfen.

Vorerst sollte geklärt werden was gemessen werden soll: „Schaut's euch wirklich genau an was ihr wollts, was der Andere von euch will und wem es dient".

Die Leistungswirkungsmessung soll der Optimierung der Leistungen in Bezug auf die Klienten dienen. Sie soll das Ziel haben, Rückschlüsse auf die täglich erbrachten Leistungen und Konzepte sowie deren Verbesserung zu ermöglichen. Dabei sollte die Leistungswirkungsmessung die interne und die gesellschaftliche Ebene betrachten. Auch sollte nicht darauf vergessen werden, dass der Wirkungsmesser der betroffene Mensch ist: „… (SPOs, Anmerkung des Autors) sollen machen, was die Menschen wollen und auch nicht was sie nicht wollen".

Die SPOs müssen den Diskurs mit dem/den Kostenträger(n) suchen, um die Leistungswirkung zu definieren.

Die SPOs sollten die Kriterien der Leistungswirkungsmessung vorerst selbst definieren, mit den anderen Trägern absprechen, vereinheitlichen und die Methoden standardisieren.

Kennzahlen und Indikatoren müssen auf die jeweilige Organisation und deren Dienstleistungen abgestimmt werden, da eine Generalisierung nicht möglich ist. Auch sollten sie – auf die strategischen Ziele der SPO bezogen – definiert werden.

Dabei müssen alle Stakeholder – auch die internen – berücksichtigt werden, da die Arbeitszufriedenheit der Mitarbeiter von einer Person als eine der wichtigsten Wirkungen bezeichnet wird.

Um einen Qualitätsverlust zu vermeiden, sind qualitative Faktoren wichtig. Sie machen auch deutlich, „was man vergleichen kann und was man nicht vergleichen kann".

Bei der Entwicklung des Performance Measurement Systems müssen die Mitarbeiter in den Diskurs mit einbezogen werden, denn den Mitarbeitern wird von einer befragten Person unterstellt, ein gutes Gespür dafür zu haben, ob es gut läuft oder nicht.

Hinsichtlich Impact, Effect und Outcome sollten SPOs pragmatisch bleiben und dort anfangen, „wo was machbar ist und wo ich die ersten Ergebnisse hab".

Für die Leistungswirkungsmessung erscheint der Mehrheit der Befragten ein standardisiertes System oder Instrument wünschenswert.

Dabei sollte vom SROI abgerückt werden und Instrumente wie die BSC oder kommunikative Verfahren angedacht werden.

So schlägt eine befragte Person vor, die Leistungswirkungsmessung in Form eines qualitativen Berichts durchzuführen, da es ihr nicht möglich erscheint, Qualität in Quantität darzustellen.

Eine andere Person meint, SPOs sollten „(…) auf jeden Fall eine BSC einsetzen, (…) weil sie methodisch einen klaren Pfad vorgibt, von dem man schwer abweichen kann".

Alleine die Auseinandersetzung mit dem Thema Leistungswirkungsmessung scheint vorteilhaft, was eine Person so kommentiert: „Der Diskurs alleine ist schon wertvoll".

Mehrere befragte Personen halten eine bessere Abstimmung und mehr Partnerschaftlichkeit unter den SPOs für angebracht.

Einer Person scheinen Teilprojekte in einem größeren Verbund vorstellbar. Sie merkt aber an: „Ich würde den Kleineren (SPOs, Anmerkung des Autors) raten, nicht der Erste zu sein bei der Einführung eines neuen Systems".

Abschließend merkte eine befragte Person an: „(…) wir müssen aufpassen, dass (…) soziale Arbeit nicht (…) in die Falle der Ökonomie geht, weil die Ökonomie hat kein Herz".

2.2.4.6 Die Wünsche der SPOs an den Kostenträger

Eine Person stellte fest: „(Der) Kostenträger muss sich darüber klar sein, was die Leistungswirkung ist".

Alle befragten Personen wünschen sich einen offenen und häufigeren Dialog mit dem Kostenträger. In diesem Dialog sollte zuerst über die Frage diskutiert werden: „Wollen wir das wirklich, ist das g'scheit?".

Kostenträger sollen Kennzahlen nicht a priori vorgeben, „(…) sondern gemeinsam (mit den SPOs, Anmerkung des Autors) ein Kennzahlensystem entwickeln".

Eine Person ist der Ansicht, dass das zu Messende im demokratiepolitischen Diskurs entschieden werden müsse.

Auch wünschen sich die befragten Personen eine Koordination der Kostenträger, eine Einigung auf steuerungsrelevante Daten und daraus resultierend, die Standardisierung der Methoden.

Dabei sollte das geforderte Berichts- und Antragswesen an den Dienstleistungen und der Größe der Organisation ausgerichtet sein. Eine befragte Person bemerkt: „Die Zeit, die ich für den Antrag brauch', und das, was unterm Strich rauskommt (die Antragssumme, Anmerkung des Autors), steht in keiner Relation".

Auch besteht der Wunsch an die Kostenträger die Dokumentations- und Berichtspflichten zu überdenken, „vor allem, weil man ja langjährige (…) gemeinsame Erfahrungen hat mit dem Leistungsanbieter und ja weiß, dass die das ordentlich und professionell machen". Und weiter: „Um Innovation zu ermöglichen, ist Luft zum Atmen (zeitliche und finanzielle Ressourcen, Anmerkung des Autors) wichtig". Und: „Vielleicht wissen die (die Kostenträger, Anmerkung des Autors) teilweise gar nicht, dass es wirklich ein bissl extrem mittlerweile schon ist und eben einfach auch negative Begleiterscheinungen mit sich bringt, die vielleicht so nicht beabsichtigt sind".

Als weitere Wünsche werden die Unterstützung der kleinen SPOs bei der Implementierung von PM-Systemen und Systemen der Informations- und Kommunikationstechnik (IKT-Systeme) sowie die Langfristigkeit der Leistungsverträge zur Planungssicherheit genannt.

2.2.4.7 Der Anspruch des Kostenträgers an die SPOs

Die befragte Person der Sozialabteilung des Landes Oberösterreich steht der Leistungswirkungsmessung grundsätzlich sehr positiv gegenüber. Auch für sie ist dabei die Frage, welche Wirkung erzielt werden soll, von zentraler Bedeutung.

Aus ihrer Sicht hängt die Möglichkeit der Leistungswirkungsmessung vom finanziellen Spielraum der SPOs und der Schwierigkeit der Ermittlung ab. Auch ist sie der Ansicht, dass die Leistungswirkungsmessung in Relation zum Aufwand und der Maßnahmen stehen sollte. Daher muss sie nicht unbedingt vom Leistungsträger durchgeführt werden.

Dezidiert weist die befragte Person allerdings darauf hin, „dass man den Personaleinsatz in Relation setzt (…) zum Output" und dass die von manchen SPOs geführten Diskussionen über die Erbringung von Nachweisen hinsichtlich der von den SPOs erbrachten Dienstleistungen und dem dabei kalkulierten Personaleinsatz entbehrlich seien. Diese Vorgehensweise wird von ihr mit: „Das ist ein No-Go für mich" kommentiert.

Die Unmöglichkeit mancher Messungen, hinsichtlich Aufwand oder Zielgruppe, muss nach Ansicht der befragten Person von Politik und Verwaltung akzeptiert werden, ohne dabei Indikatoren der Leistungswirkung allgemein zu vernachlässigen.

Zusammenfassend kann gesagt werden, dass von der befragten Person des Kostenträgers Outcome-Messungen von den SPOs aktuell nicht gefordert werden. „Ich kann dem Träger nicht zumuten, dass er das dauerhaft macht".

2.2.5 Schlussfolgerungen

Die in dieser Befragung gewonnenen Erkenntnisse korrespondieren hinsichtlich des geringen Einsatzes von BSC, SROI und Leistungswirkungsmessung in Social-Profit-Organisationen mit den Ergebnissen der Untersuchungen von Greiling[98] und dem Österreichischen Controller-Institut.[99]

---

[98]   Vgl. Greiling (2009), 276 ff.
[99]   Vgl. Bono (2010), 42 ff.

Hinsichtlich der Kernfrage dieses Buches, welche Kennzahlen und Indikatoren geeignet scheinen, den durch die Sachzieldominanz geprägten Anforderungen einer Social-Profit-Organisation zu genügen, können folgende Schlussfolgerungen gezogen werden:

- Die für das Performance Measurement System zu definierenden Kennzahlen und Indikatoren sollen in der Lage sein, Rückschlüsse auf die erbrachten Leistungen und Konzepte sowie deren Verbesserung zu ermöglichen.

- Neben organisationsrelevanten quantitativen und den für die Liquidität und die Erwartungen des Kostenträgers notwendigen monetären Kennzahlen sind qualitative Indikatoren wichtig, um einen möglichen Qualitätsverlust zu vermeiden.

- Diese Kennzahlen und Indikatoren sollen sich auf die strategischen Ziele und die Mission der Social-Profit-Organisation beziehen.

- Parallele Berichtssysteme, welche aus unterschiedlichen Kostenträgern oder aus anderen historisch bedingten Organisationssituationen resultieren, sollen vermieden werden.

- Hinsichtlich der Leistungswirkungsmessung sollen von den Social-Profit-Organisationen Impact und Effect priorisiert werden, wobei auch die internen Stakeholder berücksichtigt werden müssen.

- Kennzahlen und Indikatoren zur Outcome-Messung sollten, sofern diese zukünftig erforderlich werden sollte, co-kreativ von Social-Profit-Organisationen und Kostenträgern definiert werden. Hinsichtlich der Ressourcenintensität scheint die Durchführung der Messung bei den Kostenträgern sinnhaft.

- Um das Commitment zu sichern, müssen bei der Entwicklung des Performance Measurement Systems sowie der Identifikation der Kennzahlen und Indikatoren die Mitarbeiter in den Diskurs mit einbezogen werden.

2.3 Zusammengefasste Schlussfolgerungen für praxisrelevante wirkungsorientierte Performance Measurement Systeme

Basierend auf den Ergebnissen der oben angeführten empirischen Erhebungen möchte ich nun diejenigen Eigenschaften und Anforderungen zusammenfassend darstellen, welche die Entwicklung eines wirkungsorientierten Performance Measurement Systems in Social-Profit-Organisationen ermöglichen, diesem eine realistische

Chance auf Umsetzung bieten und dieses System deshalb als praxis-relevant gelten darf.

Zudem füge ich einige Erfahrungen aus meiner Praxis in Form von kurzen Exkursen zu den Themen Leitbild, Motivation, Projekte und Controlling ein, die für diese Entwicklung relevant sind.

Die Mission der Social-Profit-Organisation sowie die daraus abgeleiteten Strategien müssen klar definiert und verständlich an alle Mitarbeiter kommuniziert werden.

Exkurs Leitbild: Als hilfreich erweist sich dafür ein Leitbild, welches, Allgemeinplätze vermeidend, prägnant und kurzgefasst die Vision, die Mission, die Ziele sowie die handlungsleitenden Werte der Organisation beschreibt.

Um das Commitment der Führungskräfte sowie der Mitarbeiter zu sichern und so deren Motivation aufrechtzuerhalten, müssen diese bei der Entwicklung des Performance Measurement Systems einbezogen werden.

Exkurs Motivation: Die Motivation von Mitarbeitern in Social-Profit-Organisationen, im Besonderen wenn auch ehrenamtliche Beschäftigungsverhältnisse gegeben sind, scheint mir, im Unterschied zu Profit-Organisationen, eher abhängig von den Zielen, also der Mission der Organisation, denn von monetären Anreizen.

Zielführender als eine versuchte Motivationssteigerung unter Zuhilfenahme der vielfältig am Markt vorhandenen Motivationsratgeber und Motivationstrainer scheint mir daher die Vermeidung von Demotivation durch Klarheit und Verständlichkeit der Organisationsziele, transparente und authentische Kommunikation der Entscheidungen der Führungskräfte sowie die Einbeziehung der Mitarbeiter in Change-Prozesse zu sein.

Auch scheint es vorteilhaft, auf bereits bestehende Steuerungs- und Kontrollsysteme aufzubauen, da ein Turnaround das Selbstverständnis und die Organisationskultur der Social-Profit-Organisationen überstrapazieren kann.

Bei der Betrachtung der Organisation ist der Perspektive der Kunden und der Stakeholder hohe Priorität einzuräumen.

Neben quantitativen Kennzahlen sind qualitative Indikatoren zur Qualitätssicherung der erbrachten Leistungen notwendig.

Kennzahlen und Indikatoren sollten sich auf die Mission und die strategischen Ziele der Organisation beziehen und Rückschlüsse auf die erbrachten Leistungen, die Konzepte sowie deren Verbesserung ermöglichen.

Exkurs Projekte: Obwohl mittlerweile die überwiegende Mehrheit der Führungskräfte in Social-Profit-Organisationen ausreichend Wissen im Projektmanagement aufweist, möchte ich trotzdem auf einige Punkte hinweisen, die aus verschiedenen Gründen manchmal doch übersehen werden, mir jedoch als besonders förderlich für einen Projektverlauf scheinen:

Während der Arbeit am Projekt sollten die Projektmitarbeiter nicht in der Linienhierarchie der Organisation stehen, sondern dem Projektleiter zugeteilt und diesem verantwortlich sein.

Der Projektleiter muss nicht der Spezialist für die Thematik des Projekts sein. Wichtiger scheint mir, dass er gute Projektmanagementkenntnisse, Leitungs- und Führungskompetenzen sowie ein gutes „Standing" innerhalb der Organisation aufweist.

Sofern externe Berater oder Projektteammitglieder mit weniger themenspezifischem Hintergrund in das Projekt mit eingebunden werden, scheinen mir klare Definitionen der verwendeten Fachtermini im Sinne einer hermeneutischen Eindeutigkeit wichtig.

Hinsichtlich der Leistungswirkungsmessung sollten Social-Profit-Organisationen Impact und Effect unter Berücksichtigung der internen Stakeholder priorisieren.

Eine Outcome-Messung sollte, sofern erforderlich, co-kreativ von den Kostenträgern mit den Social-Profit-Organisationen entwickelt und hinsichtlich der Ressourcenintensität von den Kostenträgern durchgeführt werden.

Das entwickelte wirkungsorientierte Performance Measurement System muss mit selbsterstellten Excel-Tabellen darstellbar und von den zuständigen Mitarbeitern administrierbar sein.

Exkurs Controlling: Nach wie vor hegen manche Mitarbeiterinnen und Mitarbeiter in Social-Profit-Organisationen gewisse Berührungsängste vor einer, nach ihrer Meinung, Ökonomisierung des Sozialen. Um dieser Einstellung vorzubeugen und damit eben-falls Demotivation zu vermeiden, sollten Controller oder die für das Controlling zuständigen Personen als interne Dienstleister definiert werden und nicht als verlängerter Arm der Führungs-kräfte um möglicherweise unliebsame Entscheidungen um- und durchzusetzen.

Neben den fachlichen Voraussetzungen müssen sie daher über hohe soziale und kommunikative Kompetenz verfügen.

Parallele Berichtssysteme, welche aus unterschiedlichen Ansprüchen resultieren, müssen vermieden werden.

„Jene, die die Theorie schreiben,
sind die Abkürzung gegangen"
(GF der Gemeinnützigen Organisation)

3. Entwicklung des Performance Measurement Systems der Gemeinnützigen Organisation

Basierend auf den in Kapitel 2 dargestellten Erkenntnissen bzw. Bedürfnissen der Praxis wird in diesem Kapitel die Entwicklung des Performance Measurement Systems der Gemeinnützigen Organisation dargestellt.

Vorab wird die „Gemeinnützige Organisation" vorgestellt sowie die Ausgangssituation und die Methodik der Entwicklung des Performance Measurement Systems erläutert.

Im Anschluss daran werden unter Berücksichtigung der theoretischen und empirischen Schlussfolgerungen die strategischen Teilziele definiert, die Perspektiven festgelegt und die Wirkungszusammenhänge dargestellt. Daraufhin werden, unter besonderer Berücksichtigung ihrer Praxistauglichkeit einerseits sowie dem Anspruch an wirkungsorientierte Steuerung andererseits, die Kennzahlen und Indikatoren identifiziert.

Abschließend werden die nächsten, zur Implementierung des Systems notwendigen Schritte angeführt.

3.1. Vorstellung der Gemeinnützigen Organisation

Die Gemeinnützige Organisation wurde im Jahr 1995 gegründet und entwickelte sich bis heute zu einem der großen freien Jugendwohlfahrtsträger in Oberösterreich.

Das Ziel der Gemeinnützigen Organisation ist die Unterstützung der Persönlichkeitsentwicklung von Kindern, Jugendlichen und Familien in den Bereichen Erziehung, Schule, Arbeit und Wohnen.

Diese Ziele werden durch ein Angebot an mobilen und stationären Diensten, die in Linz und fast allen Bezirkshauptstädten Oberösterreichs angeboten werden, verfolgt.

Die Finanzierung erfolgt, abhängig von den Dienstleistungen, mittels Stunden- oder Tagessätzen und Subventionen. Als Kostenträger fungieren das Land Oberösterreich, die Kommunen und Sozialhilfe-verbände sowie das Bundesamt für Soziales und Behindertenwesen. Zusätzliche Einnahmen bilden, in geringem Ausmaß, projektbezogene Spenden.

Die Gemeinnützige Organisation beschäftigte während der Entwicklung des Performance Measurement Systems 230 Mitarbeiter und Mitarbeiterinnen.

3.2 Ausgangssituation

Angeregt durch die BSC einer anderen Social-Profit-Organisation setzten sich die Führungskräfte der Gemeinnützigen Organisation bereits 2012 in einem Projekt unter dem Arbeitstitel „Führung mit ganzheitlichen Zielen" mit der Konzeption einer BSC auseinander. In diesem Projekt wurden die Bereichsleiter eingeladen, gemeinsam mit ihren Teamleitern zukünftige, notwendige Ziele ihrer Einrichtungen in den von der Geschäftsführung vorgegebenen Perspektiven Markt/Kunden, Mitarbeiter/Innovation, Abläufe/Prozesse und Finanzen/Wirtschaftlichkeit basierend auf der strategischen Ausrichtung zu definieren.

Diese strategische Ausrichtung wurde mittels Vision und Mission folgendermaßen kommuniziert:

- Wir wollen Menschen dabei unterstützen, ihr volles menschliches Potenzial zu entwickeln.

- Dies umfasst die Hilfe zur Sicherung körperlicher Grundbedürfnisse, aber auch die Förderung der geistig-seelischen und sozialen Entwicklung.

- Wir wollen einen sicheren Raum bieten, in dem Nähe und Verbundenheit, Freiheit und Verantwortung, Sinn und Transzendenz erfahren werden können.

- Dieser Einsatz für menschliche Entwicklung gilt nicht nur für KlientInnen. Auch die MitarbeiterInnen sollen in ihrem Tun sich selbst entdecken und entfalten können.

- Unsere Arbeit geschieht im Auftrag von und in Zusammenarbeit mit den gesetzlichen dafür zuständigen Behörden und Institutionen.

- Wir wollen unsere Angebote immer wieder erweitern und auf kreative und unkonventionelle Weise auch Zielgruppen gerecht werden, die bisher noch weniger Berücksichtigung fanden.

- Kreativität und Freiheit haben einen hohen Stellenwert. Wir wollen Vorreiter sein und immer wieder neue Impulse setzen.

- Dabei sind wir uns klar über die verschiedenen Aufgaben- und Leistungsprofile.

- Wir erhöhen die Kompetenz unserer Organisation insbesondere im Umgang mit KlientInnen mit psychiatrischen Störungsbildern sowie aggressiven und gewaltbereiten KlientInnen.

- Wir vermitteln verstärkt grundlegende Kompetenzen an Kinder, Jugendliche und Familien.

- Wir wollen mit unseren KlientInnen etwas für andere tun und uns an sozialen Projekten beteiligen. Wir fördern das Verständnis durch die Zusammenarbeit mit anderen Nationen und Kulturen.

- Wir bringen unsere KlientInnen verstärkt mit ihren sozialen Netzwerken in Kontakt, vermitteln bei Konflikten und versuchen, sie in ihrem Umfeld zu verankern. Die Betreuungsperson soll die familiäre und nachbarschaftliche Gemeinschaft nicht ersetzen.

- Wir aktivieren Prozesse im Gemeinwesen und generieren dadurch gesellschaftlichen Mehrwert.

- Wir haben sehr gut ausgebildetes Personal – MitarbeiterInnen, die sich fachlich weiter qualifizieren und sich auch wirklich auf persönliche Entwicklungsprozesse einlassen.

Basierend auf diesen Vorgaben definierten die Bereichs- und Teamleiter die im Folgenden dargestellten Ziele für ihre Geschäftsfelder.

Ziele des Geschäftsfelds 1

Markt und Kunden (Klienten und Auftraggeber)
• Partizipation der Klienten • Positionierung Einrichtung A und Einrichtung B • Positionierung Projekt F
Mitarbeiter und Innovation
• Effektive Steuerung der Personalentwicklung • Umsetzung der Mitarbeitergespräche mit Zielvereinbarungen • Neues Betreuungsangebot in Stadt J
Abläufe – Prozesse
• Pädagogische Ausrichtung schärfen/entwickeln • Neubau/Umzug Einrichtung C und Einrichtung D • Interne Kommunikation verbessern
Finanzen – Wirtschaftlichkeit
• Zeitnahe Steuerung der Finanzen • Tagessatz Einrichtung D neu (kleiner 170 Euro) • Tagessatz Einrichtung C neu (kleiner 220 Euro)

Ziele des Geschäftsfelds 2

Markt und Kunden (Klienten und Auftraggeber)
• Unsere Leistungen der Weiterbildung können wir dem Land Oberösterreich plausibel erklären, sodass es inhaltlich verstanden und unterstützt wird • Kundenzufriedenheit erhöhen (Auftraggeberseite) • Projekt A – Nachfrage steigt in allen Regionen
Mitarbeiter und Innovation
• Mitarbeiter z und Mitarbeiter y zu Zugpferden aufbauen bzw. Stärken stärken • Mitarbeiter x in Gesamtverantwortung für Projekt A bringen mit dem nötigen Weitblick für Planung und Umsetzung • Projekt B wird endlich umgesetzt • Väterkarenz (Elternzeit) von Mitarbeiter w gut integrieren ohne Störungen für Teams

---

Abläufe – Prozesse

- Projekt A bestens in die Gemeinnützige Organisation integriert
- Stadt A finanziert sich selbst und liefert Deckungsbeitrag (DB)
- Projekt C Teams erreichen vorgegebene DB-Ziele
- Projekt A erfolgreich aufgebaut
- EDV auf neuestem Stand, sodass die Mitarbeiter gut arbeiten können

Finanzen – Wirtschaftlichkeit

- Finanzieller Spielraum für Innovation und pädagogische Weiterentwicklung vorhanden

Ziele des Geschäftsfelds 3

Markt und Kunden (Klienten und Auftraggeber)

- Gesunde Teams in Stadt B und Stadt C
- Zuwachs beim Magistrat A, wieder Fuß fassen bei Bezirkshauptmannschaft (BH) A
- Halten des hohen Auftragsvolumens bei BH B, punktuelle Steigerungen (Stadt D und Stadt E)

Mitarbeiter und Innovation

- In jedem einzelnen Team möglichst viele Spezialkompetenzen haben
- Ausbau des Angebots Sozialpädagogische Assistenz
- Weiterentwicklung der Gemeinwesenarbeit

Abläufe – Prozesse

- Erhaltung aller Standorte auf hohem Niveau
- Technik wird zeitgemäß genutzt
- Interne Kommunikation ist verbessert

Finanzen – Wirtschaftlichkeit

- Jedes Team erwirtschaftet einen Deckungsbeitrag von 12 % bis 20 %
- Geringe interne Fahrtkosten

Ziele des Geschäftsfelds 4

Markt und Kunden (Klienten und Auftraggeber)

- Bestehende Standorte bzw. Teams entsprechend den „Neuen Richtlinien" absichern

Mitarbeiter und Innovation

- Teams sind mit ausreichender Anzahl an qualifizierten Mitarbeitern versorgt
- Teilnehmer und Mitarbeiter entwickeln ihre beruflichen und persönlichen Fähigkeiten im Hinblick auf die jeweiligen Anforderungsprofile
- Schwerpunktkompetenzen stehen mehr und mehr regional zur Verfügung und werden in einem ersten Schritt nach Bedarf und persönlichen Neigungen gefunden und gefördert

Abläufe – Prozesse

- Zufriedenheit und Motivation der Mitarbeiter zeigt sich weiterhin stabil oder steigt an
- Notwendige Veränderungsprozesse und Innovationen werden motiviert umgesetzt
- Durch Angebote, neue Herausforderungen und „beherzte" Attraktoren fördert die Gemeinnützige Organisation den Verbleib lang-, ver- und gedienter Mitarbeiter

Finanzen – Wirtschaftlichkeit

- Wirtschaftlich ausgeglichene Überführung in die Vorgaben und Rahmenbedingungen, die durch die „Neuen Richtlinien" festgelegt sind

---

Ziele des Geschäftsfelds 5

Markt und Kunden (Klienten und Auftraggeber)

- Alle Standorte erhalten
- Stadt F: + 1 Mitarbeiter
- Stadt G: Halten von durchschnittlich 2 Betreuungen und damit einer 50%igen Auslastung von Mitarbeiter v
- Stadt H: Beibehalten der Position als „Platzhirsch", bis 5 % Steigerung der Betreuungsstunden
- Stadt I: Durchschnittliche Auslastung von Wohnen bei 80 %, mobiles Team
- Konstante Auslastung bei gleichbleibender Anstellung
- Alle Produkte sind auf allen Behörden bekannt, es gibt ein klares Bild, welche Potenziale es bei den einzelnen Behörden gibt
- Ein neues Projekt B

Mitarbeiter und Innovation

- Schwerpunkte und Akzente setzen in Bezug auf Weiterbildung und Know-how
- Neuer Standort für Projekt D – nördlicher als bisher – wird häufig von Kolleginnen aus der ganzen Region genutzt + 2 bis 3 Gemeinschaftsaktionen
- Neuerliche Teilnahme an Projekt E, wenn möglich Erweiterung des Angebots für ganze Gemeinnützige Organisation
- Hohe Mitarbeiterzufriedenheit, gute Bindung in Teams und zur Gemeinnützigen Organisation

Abläufe – Prozesse

- Umstellung auf neue Richtlinien mit keinen bzw. möglichst wenig Reibungsverlusten unter besonderem Augenmerk auf wirtschaftliche, fachliche und regionale Gesichtspunkte
- Finden und/oder etablieren von (neuen) Leitungs-Besprechungsstrukturen in der Region

Finanzen – Wirtschaftlichkeit

- 15 % Deckungsbeitrag im Durchschnitt, teilweiser „Rückfluss" in die Region, unter Beachtung, dass der durchschnittliche Deckungsbeitrag konstant deutlich über 12 % bleibt
- Aufbereitung: individuelle Unterschiede innerhalb der Teams und zwischen den Teams im Detail erkennen und bearbeiten

3.3. Methodik

Die Entwicklung des Performance Measurement Systems wurde in zwei Projekten umgesetzt.

- In einem ersten Projekt wurden die strategischen Teilziele und die Perspektiven einer geplanten BSC definiert.
- Basierend auf diesen Ergebnissen wurde in einem zweiten Projekt das Kennzahlensystem entwickelt.

3.4 Entwicklung der strategischen Teilziele und Perspektiven

In den Workshops wurden verschiedene Moderations- und Kreativitätstechniken, wie z. B. Mindmapping und Assoziationstechniken angewandt, um einerseits die Flüssigkeit der Arbeitsabläufe zu sichern und andererseits die nötige Kreativität zu ermöglichen.[100]

Auch wurde besonderer Wert auf die positive Formulierung der strategischen Ziele, welche die Zielerreichung unterstützen soll, gelegt. Um die Mitarbeiter „mitzunehmen" und deren Commitment nicht zu gefährden, wurde zudem darauf geachtet, dass diese Formulierungen den Werthaltungen der Mitarbeiter gerecht werden.

So konnten vorerst, basierend auf den bereits von den Bereichs- und Teamleitern definierten Zielen der Geschäftsfelder die strategischen Teilziele abgeleitet werden.

Im nächsten Schritt wurden die für die Gemeinnützige Organisation relevanten Perspektiven ermittelt. Die vordefinierten Perspektiven (siehe vorne Ziele der Geschäftsfelder)

- Markt und Kunden (Klienten und Auftraggeber),

- Mitarbeiter und Innovation,

- Abläufe – Prozesse,

- Finanzen – Wirtschaftlichkeit,

wurden kritisch reflektiert. Sie wurden im Ergebnis umbenannt in:

- Mitarbeiter,

- Ressourcen & Innovation,

- Prozesse,

- Kunden,

- Produkte & Leistungen,

- Wirtschaftlichkeit.

Um die Intention einer wirkungsorientierten Leistungsmessung und Steuerung hervorzuheben, wurde das bisherige Modell um die Perspektive der Leistungswirkung, in der sich Mission und Vision der Gemeinnützigen Organisation wiederfinden, ergänzt (siehe 3.6.2).

Anschließend wurde die Reihenfolge der Perspektiven festgelegt. Dabei wurde besonders darauf geachtet, dass einerseits die Perspektiven zueinander in einer Zweck-Mittel-Beziehung stehen[101], um

---

[100] Vgl. Maelicke (2006), 39 ff.
[101] Vgl. Jossé (2005), 31 f.

die strategisch bedeutsamen Erfolgs-Potenziale darzustellen, und andererseits die untergeordneten die übergeordneten Strategien unterstützen.[102]

Im Folgenden wurde die Darstellung der Reihenfolge der Perspektiven und deren Visualisierung diskutiert. Verschiedene Modelle, wie z. B. eine um 180° gedrehte Darstellung, um die Bedeutung der Mitarbeiterperspektive hervorzuheben, wurden angedacht.

Letztlich wurde – vor allem wegen der logischen Stringenz – die klassische Darstellungsform präferiert.

Diese Logik begründet sich, nach Ansicht des Autors, in der Sichtweise, dass sich eine Basis – im Fall einer Organisation die Mitarbeiter und die Ressourcen – in einer visuellen Darstellung unten befinden sollte um Verwirrungen bei der Interpretation zu vermeiden.

So wurden vorerst die folgenden Perspektiven definiert:

LW	Leistungswirkung
W	Wirtschaftlichkeit
K-P-L	Kunden, Produkte & Leistungen
P	Prozesse
M-R-I	Mitarbeiter, Ressourcen & Innovation

Tabelle 4: Die vorläufigen Perspektiven der Gemeinnützigen Organisation

Da sich diese Definition der Perspektiven im weiteren Arbeitsverlauf als nicht zielführend erwiesen hat, hauptsächlich weil diese davon ablenkt wirkungsorientierte Kennzahlen und Indikatoren in den verschiedenen Perspektiven abzubilden und auch weil sie eine stringente, auf die übergeordneten Ziele ausgerichtete Verfolgung der Wirkungszusammenhänge erschwert, wurde letztlich die in Kapitel 3.6.1 dargestellte Version präferiert. Im Anschluss daran konnten, wie in Kapitel 3.6.2 ersichtlich, die strategischen Teilziele den Perspektiven zugeordnet werden.

---

[102] Vgl. Jossé (2005), 97 ff.

3.5 Entwicklung der Kennzahlen und Indikatoren

Bei der Identifikation der Kennzahlen und Indikatoren wurde besonderer Wert auf ihre künftige Praxisrelevanz gelegt.

In den Workshops wurden in einem ersten Schritt aus den vom Autor erarbeiteten Kennzahlen- und Indikatorenvorschlägen[103] die für die Gemeinnützige Organisation nicht relevanten ausselektiert.

Anschließend wurden 33 im Berichtswesen der Gemeinnützigen Organisation bereits verwendete und 46 als Basisdaten vorhandene, jedoch noch nicht im Berichtswesen kommunizierte Kennzahlen und Indikatoren übernommen.

Abschließend wurden mittels Brainstorming[104] weitere relevante Kennzahlen und Indikatoren identifiziert und übernommen.

Aus diesem Prozess resultieren schlussendlich 120 Kennzahlen und Indikatoren, gegliedert nach Perspektiven und strategischen Teilzielen. In der Nachbearbeitung der Workshops wurden vom Autor die Kennzahl- und Indikatornamen bestimmt und deren Beschreibung formuliert.

Neben der Identifikation der Kennzahlen und Indikatoren wurden auch deren Messfrequenz und die Methode der Messung bestimmt.

Abkehr von der Idee „Balanced Scorecard"

Im letzten Workshop wurden die Verantwortlichkeiten der Erhebung der Kennzahlen und Indikatoren festgelegt und der Versuch unternommen, die Kennzahlen und Indikatoren auf ein BSC-adäquates Maß zu reduzieren.[105]

Bei diesem Versuch wurde offensichtlich, dass eine solche Reduktion mit den Werthaltungen der Gemeinnützigen Organisation nicht vereinbar ist.

Eine Reduktion der Kennzahlen und Indikatoren scheint den Führungskräften der Gemeinnützigen Organisation nicht sinnvoll, da

---

[103] Vgl. Bono (2006), 164 ff./Vgl. Bono (2010), 142 ff./Vgl. Eisenreich/Halfar/Moos (2005), 34 ff./Vgl. Gladen (2014), 55 ff./Vgl. Halfar (2010), 52 ff./Vgl. Henning (2010), 15 ff./Vgl. Külpmann (2006) 37 ff./Vgl. Niven (2003b), 159 ff./Vgl. Stoll (2013), 104 ff./Vgl. Macsenaere (2017), 161.

[104] Vgl. Maelicke (2006), 45 f.

[105] Vgl. Fischer (2009), 57./Vgl. Horváth & Partners (2009), 260 f./Vgl. Jossé (2005), 97 ff.

sie umfassendere Informationen zur Verfügung gestellt haben wollen und auch bereit sind, die zur Betrachtung notwendige Zeit zu investieren.

Auch die nicht vorgesehene unterjährige Betrachtung der BSC[106] wurde von den Führungskräften als unzureichend empfunden, da das zu entwickelnde Berichtssystem abhängig von der definierten Messfrequenz zur Verfügung stehen soll.

Hinsichtlich dieser Bedürfnisse würde die Einführung einer BSC zusätzliche Berichte erfordern und zu einer unerwünschten Doppelgleisigkeit führen. Diese Situation wurde der Geschäftsführung so kommentiert: „Wenn es eine Fleißaufgabe ist, wird's nicht funktionieren".

Konsequenterweise wurde daher auf die weitere Entwicklung der BSC verzichtet und das bisher entwickelte Modell als Ausgangspunkt für ein eigenes, für die Gemeinnützige Organisation entwickeltes, adäquates System der Unternehmensanalyse, -planung und -steuerung betrachtet.

In der Folge wurde der Balanced Performance Report als Performance Measurement System gestaltet, der – in Anlehnung an die Konzeption der BSC – aus organisations- und stakeholderrelevanten Perspektiven die in einem an der Mission und Vision der Gemeinnützigen Organisation ausgerichteten, widerspruchsfreien Wirkungsgefüge stehenden strategische Teilziele mit ausgewogenen Kennzahlen und Indikatoren betrachtet.

3.6 Das PM-System der Gemeinnützigen Organisation: der Balanced Performance Report

Das PM-System „Balanced Performance Report" besteht aus der Entwicklung und Darstellung

- der definierten Perspektiven und deren Zweck-Mittel-Beziehung,

- der den Perspektiven zugeordneten strategischen Teilzielen und deren Wirkungszusammenhang,

- der definierten Kennzahlen und Indikatoren inklusive der Messdimensionen sowie der Art und Verantwortlichkeit ihrer Messung.

---

[106] Vgl. Hufnagl (2008), 14.

3.6.1 Die Perspektiven

Abbildung 12 zeigt die definierten Perspektiven und deren Zweck-Mittel-Beziehung:

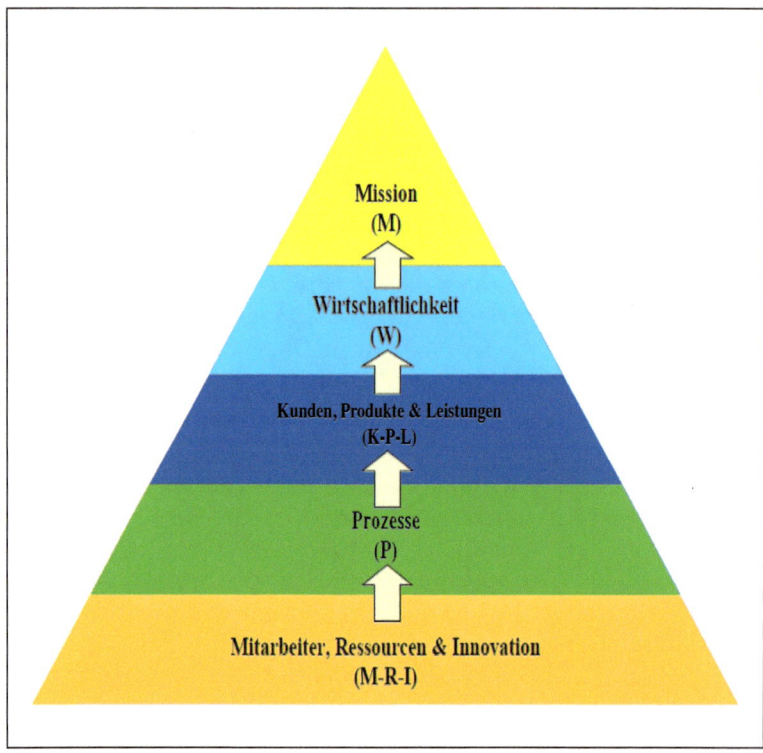

Abbildung 13: Die Perspektiven der Gemeinnützigen Organisation

3.6.2 Die strategischen Teilziele

Die folgende Tabelle zeigt nun die den Perspektiven zugeordneten strategischen Teilziele:

Mitarbeiter, Ressourcen & Innovation (M-R-I)

M-R-I 1	In der Personalplanung berücksichtigen wir auch die Lebensphasen unserer Mitarbeiter
M-R-I 2	Die verschiedenen Phasen der Beschäftigungsverhältnisse unserer Mitarbeiter werden bewusst gestaltet
M-R-I 3	Die Priorität der beruflichen Tätigkeit unserer Mitarbeiter liegt mit mindestens 30 Wochenstunden bei der Gemeinnützigen Organisation
M-R-I 4	Fort- und Weiterbildung dienen der Sicherung und Entwicklung unseres Leistungsangebotes und in weiterer Folge den persönlichen Bedürfnissen unserer Mitarbeiter
M-R-I 5	Unsere materiellen Ressourcen entsprechen den aktuellen Anforderungen

Prozesse (P)

P 1	Unser pädagogisches Handeln ist theoriegeleitet
P 2	Wir übernehmen Verantwortung, sorgen für klare Kompetenzen und handeln lösungs- und wertorientiert
P 3	Bei unseren Entwicklungs- und Entscheidungsprozessen sind die Bedürfnisse unserer Klienten und Auftraggeber berücksichtigt
P 4	Wir haben ein effizientes Besprechungswesen
P 5	Wir haben ein zeitnahes und aussagekräftiges Berichts- und Dokumentationswesen
P 6	Unser internes und externes Marketing erfolgt verantwortungsbewusst, zeitnah sowie zielgruppenspezifisch und weckt so Begeisterung
P 7	Neue Ideen und Modellprojekte sind zügig, strukturiert und zielgerichtet in ausgereifte Leistungsangebote überführt und implementiert

Kunden, Produkte & Leistungen (K-P-L)

K-P-L 1	Wir sind aktiver Teil der Sozialpädagogik in Oberösterreich
K-P-L 2	Die Zufriedenheit unserer Klienten und Auftraggeber ist hoch
K-P-L 3	Wir sind ein attraktiver Arbeitgeber
K-P-L 4	Unsere Produkte und Leistungen sind wirkungsvoll, bedarfsgerecht und professionell

Wirtschaftlichkeit (W)

W 1	Das Kosten- und Erlösbewusstsein ist bei allen Mitarbeitern vorhanden
W 2	Die Kosten für Innovation sind in der Budgetierung berücksichtigt
W 3	Ein konkurrenzfähiges Preis-/Leistungsverhältnis ist bei allen Angeboten gesichert
W 4	Unser Wachstum beträgt plus 5 % Personaleinheit pro Jahr
W 5	Die Kostendeckung jeder Organisationseinheit ist gegeben

Mission (M)

M 1	Wir vermitteln verstärkt lebenspraktische Kompetenzen an Kinder, Jugendliche und Familien
M 2	Wir wollen mit unseren KlientInnen etwas für andere tun und uns an sozialen Projekten beteiligen
M 3	Wir aktivieren Prozesse für das Gemeinwohl und generieren dadurch einen gesellschaftlichen Mehrwert
M 4	Wir wollen unsere Angebote immer wieder erweitern und auf kreative und unkonventionelle Weise auch Zielgruppen gerecht werden, die bisher noch weniger Berücksichtigung fanden
M 5	Wir wollen Menschen dabei unterstützen, ihr volles menschliches Potenzial zu entwickeln. Dies umfasst die Hilfe zur Sicherung körperlicher Grundbedürfnisse, aber auch die Förderung der geistig-seelischen und sozialen Entwicklung

Tabelle 5: Die strategischen Teilziele, gegliedert nach Perspektiven

3.6.3 Das Wirkungsgefüge der strategischen Teilziele

Abbildung 14 zeigt das Wirkungsgefüge der strategischen Teilziele:

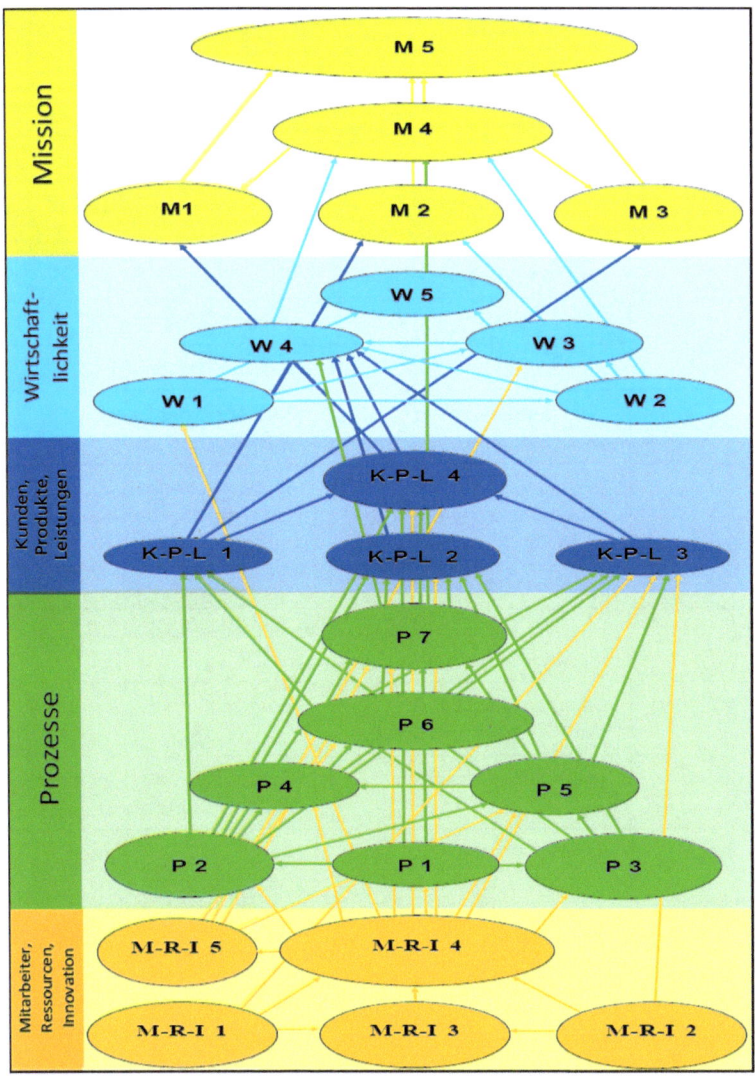

Abbildung 14: Wirkungsgefüge der strategischen Teilziele

3.6.4. Die Kennzahlen und Indikatoren

3.6.4.1. Namen und Messdimensionen der Kennzahlen und Indikatoren

Die Namen und Messdimensionen der Kennzahlen und Indikatoren zeigt folgende Tabelle:

M-R-I 1	In der Personalplanung berücksichtigen wir auch die Lebensphasen unserer Mitarbeiter	
K/I-Nr.	*Name der Kennzahl/ des Indikators:*	*Kennzahl/Indikator misst:*
1	Alter der MA	Ø Lebensjahre der MA
2	Bildungskarenz	Anzahl der MA
3	Kinderkarenz	Anzahl der MA
4	Überstundenquote	Verhältnis der Über- zu Planstunden
5	Zufriedenheitsindex Lebensphasenberücksichtigung	MA-Zufriedenheit mit Lebensphasenberücksichtigung

M-R-I 2	Die verschiedenen Phasen der Beschäftigungsverhältnisse unserer Mitarbeiter werden bewusst gestaltet	
K/I – Nr.	*Name der Kennzahl/ des Indikators:*	*Kennzahl/Indikator misst:*
1	Frühfluktuationsquote	Anzahl Auflösung AV in ersten 6 Monaten
2	Interne Wechselquote	Rel. Anteil MA die intern wechseln
3	Zufriedenheitsindex Karrieremöglichkeiten	MA-Zufriedenheit mit Karrieremöglichkeiten

M-R-I 3	Die Priorität der beruflichen Tätigkeit unserer MA liegt mit mindestens 30 Wochenstunden bei der Gemeinnützigen Organisation	
K/I-Nr.	*Name der Kennzahl/des Indikators:*	*Kennzahl/Indikator misst:*
1	Mindestwochenstunden	Anzahl MA < 30 h/Wo
2	Mindestwochenstunden-quote	Rel. Anteil von MA < 30 h/Wo
3	Beschäftigungsausmaß	Ø Beschäftigungsausmaß pro MA

M-R-I 4	Fort- und Weiterbildung dienen der Sicherung und Entwicklung unseres Leistungsangebotes und in weiterer Folge den persönlichen Bedürfnissen unserer Mitarbeiter	
K/I-Nr.	*Name der Kennzahl/des Indikators:*	*Kennzahl/Indikator misst:*
1	Weiterbildungskosten	Gesamtkosten in €
2	Weiterbildungskosten je MA	Ø Weiterbildungskosten je MA
3	Weiterbildungsstunden je MA	Ø Weiterbildungsstunden je MA
4	Weiterbildungsquote	Rel. Anteil von MA mit Weiterbildung
5	Zufriedenheitsindex Weiterbildungskatalog	MA-Zufriedenheit mit dem Katalog

M-R-I 5	Unsere materiellen Ressourcen entsprechen den aktuellen Anforderungen	
K/I-Nr.	*Name der Kennzahl/des Indikators:*	*Kennzahl/Indikator misst:*
1	Nutzfläche Mitarbeiter	Ø Nutzfläche je MA
2	Nutzfläche Personaleinheit	Ø Nutzfläche je PE
3	Infrastrukturquote	Infrastrukturkosten pro Betreuungsstunde
4	Zufriedenheitsindex Ressourcen	MA-Zufriedenheit mit Ressourcen

P 1	Unser pädagogisches Handeln ist theoriegeleitet	
K / I-Nr.	*Name der Kennzahl / des Indikators:*	*Kennzahl / Indikator misst:*
1	Konzeptverzeichnis	Aktuelles Konzeptverzeichnis vorhanden (Ja/Nein)
2	Pädagogische Theoriesicherheit	Selbsteinschätzung der MA

P 2	Wir übernehmen Verantwortung, sorgen für klare Kompetenzen und handeln lösungs- und wertorientiert	
K / I-Nr.	*Name der Kennzahl / des Indikators:*	*Kennzahl / Indikator misst:*
1	Leitbildaktualität	Aktualität des Leitbild (Ja/Nein)
2	Organigrammaktualität	Aktualität des Organigramms (Ja/Nein)
3	Leitbild- und Organisationskenntnis	Anzahl Interventionen
4	Stellenbeschreibungen	Rel. Anteil vorhandener Stellenbeschreibungen
5	Mitarbeiterengagement	Engagement der MA

P 3	Bei unseren Entwicklungs- und Entscheidungsprozessen sind die Bedürfnisse unserer Klienten und Auftraggeber berücksichtigt	
K / I-Nr.	*Name der Kennzahl / des Indikators:*	*Kennzahl / Indikator misst:*
1	Klientenorientierung 1	Anzahl teilnehmender KL bei Meetings/Klausuren
2	Klientenorientierung 2	Anzahl übernommener Verbesserungsvorschläge von KL
3	Auftraggeberorientierung	Anzahl teilnehmender AG bei Meetings/Klausuren
4	Verweildauer	Verweildauer der KL in Tagen

P 4	Wir haben ein effizientes Besprechungswesen	
K/I-Nr.	*Name der Kennzahl/des Indikators:*	*Kennzahl/Indikator misst:*
1	Interne Besprechungszeiten	Zeitaufwand für interne Besprechungen in Stunden
2	Besprechungsstrukturzufrie-denheit	MA-Zufriedenheit mit Besprechungsstrukturen

P 5	Wir haben ein zeitnahes und aussagekräftiges Berichts- und Dokumentationswesen	
K/I-Nr.	*Name der Kennzahl/des Indikators:*	*Kennzahl/Indikator misst:*
1	Berichts- u. Dokumentations-effektivität	B&D-Standards an MA kommuniziert (Ja/Nein)

P 6	Unser internes und externes Marketing erfolgt verantwor-tungsbewusst, zeitnah sowie zielgruppenspezifisch und weckt so Begeisterung	
K/I-Nr.	*Name der Kennzahl/des Indikators:*	*Kennzahl/Indikator misst:*
1	Homepageaktualität	Aktualität der Homepage (gegeben/nicht gegeben)
2	Intranetaktualität	Aktualität des Intranet (gegeben/nicht gegeben)
3	Datenbankaktualität	Aktualität der Datenbank (gegeben/nicht gegeben)
4	Homepagebesuche	Klickrate
5	Externe Marketingaktionen	Anzahl der externen Marketingaktionen
6	Presseaussendungen	Anzahl
7	Externe Angebotskommuni-kation	Anzahl der Infos über neues Angebot
8	Interne Angebotskommuni-kation	Anzahl der Infos über neues Angebot

P 7	Neue Ideen und Modellprojekte sind zügig, strukturiert und zielgerichtet in ausgereifte Leistungsangebote überführt und implementiert	
K/I-Nr.	*Name der Kennzahl/des Indikators:*	*Kennzahl/Indikator misst:*
1	Neue Angebote	Anzahl neuer Angebote
2	Aktuelle Projekte	Anzahl aktueller laufender Projekte
3	Forschung und Entwicklung – Stunden	Anzahl der F&E-Stunden
4	Projektdauer	Ø Projektdauer in Stunden
5	Umsetzung des Projektplanes	Umsetzung des PSP (Ja/Nein)
6	Projekt-ROI	Kosten-Umsatz-Relation über 3 Jahre
7	Projektumsatzquote	Rel. Anteil des Umsatzes neuer Angebote an Gesamtumsatz
8	Innovationsquote	Rel. Anteil neuer Angebote an Gesamtangeboten

K-P-L 2	Die Zufriedenheit unserer Klienten und Auftraggeber ist hoch	
K/I-Nr.	*Name der Kennzahl/des Indikators:*	*Kennzahl/Indikator misst:*
1	Klientenzufriedenheit	Zufriedenheit der Klienten mit den Maßnahmen
2	Klientenbefragungs-Rücklaufquote	Rel. Anteil von beantworteten an allen Fragebögen
3	Abbruchquote	Rel. Anteil von Abbrüchen an Klienten
4	Auftraggeberzufriedenheit	Zufriedenheit der Auftraggeber mit den Maßnahmen
5	Marktanteil	Rel. Anteil Umsatz an Marktvolumen

K-P-L 3	Wir sind ein attraktiver Arbeitgeber	
K/I-Nr.	*Name der Kennzahl/des Indikators:*	*Kennzahl/Indikator misst:*
1	Anfragen für Praktika	Anzahl Anfragen
2	Initiativbewerbungen	Anzahl Initiativbewerbungen
3	Bewerbungen pro Stellen-ausschreibung	Anzahl Bewerbungen
4	Neuanstellungen	Anzahl Neuanstellungen
5	Einvernehmliche Auflösung	Anzahl Einvernehmliche Auflösung
6	Kündigungen durch Mitarbeiter (Arbeitnehmer, Dienstnehmer = DN)	Anzahl DN-Kündigungen
7	Kündigungen durch Organisation (Arbeitgeber, Dienstgeber = DG)	Anzahl DG-Kündigungen
8	Entlassungen (fristlose)	Anzahl Entlassungen
9	Krankenstände	Anzahl Krankenstandstage
10	Krankenstandquote	Rel. Anteil von K-Tagen an Arbeitstagen
11	Beschäftigungsdauer	Ø Beschäftigungszeiten in Monaten
12	Fluktuationsrate	Rel. Anteil von Abgängen an MA

K-P-L 4	Unsere Produkte und Leistungen sind wirkungsvoll, bedarfsgerecht und professionell	
K/I-Nr.	*Name der Kennzahl/des Indikators:*	*Kennzahl/Indikator misst:*
1	Mobile Betreuungen	Anzahl der laufenden Betreuungen (mobil)
2	Genehmigte Stunden	Anzahl genehmigter Stunden (mobil)
3	Verrechnete Stunden	Anzahl verrechneter Stunden (mobil)
4	Ausschöpfungsgrad	Rel. Anteil verrechneter an genehmigte Stunden mobiler Betreuungen
5	Potentielle Wohntage	Anzahl möglicher WTg (stationär)
6	Genutzte Wohntage	Anzahl der genutzten WTg (stationär)
7	Auslastung	Rel. Anteil genutzten an möglicher WTg stationärer Betreuungen
8	Sonderbetreuungsmaßnahmen	Anzahl an Sonderbetreuungs-MN
9	Zielerreichungsgrad	Zielerreichung der Klienten je MN
10	Klienten außerhalb bestehender Konzepte	Anzahl an Klienten außerhalb bestehender Konzepte
11	Neue Betreuungen	Anzahl neu betreuter Klienten
12	Neubeauftragungsquote	Rel. Anteil von Neubeauftragungen an Laufenden

W 1	Das Kosten- und Erlösbewusstsein ist bei allen Mitarbeitern vorhanden	
K/I-Nr.	*Name der Kennzahl/des Indikators:*	*Kennzahl/Indikator misst:*
1	Planstundenquote	Planstundendisziplin
2	Verrechnungsstundenquote	Rel. Anteil verrechenbarer Stunden an Gesamtstunden
3	Verbrauchsmaterialquote	Rel. Anteil der Sachkosten am Erlös
4	Reisekostendefizit	Nicht verrechenbare RK in €
5	Reisekostendefizitquote	Rel. Anteil nicht verrechenbarer Reisekosten am Erlös
6	Kostenbewusstsein	Kostenbewusstsein der MA

W 2	Die Kosten für Innovation sind in der Budgetierung berücksichtigt	
K/I-Nr.	*Name der Kennzahl/des Indikators:*	*Kennzahl/Indikator misst:*
1	Innovationsbudget	Höhe des Innovations-Planbudgets in €
2	Innovationsbudgetnutzung	Ausnutzung des Innovations-Planbudgets in %

W 3	Ein konkurrenzfähiges Preis-/Leistungsverhältnis ist bei allen Angeboten gesichert	
K/I-Nr.	*Name der Kennzahl/des Indikators:*	*Kennzahl/Indikator misst:*
1	Tagessatzvergleich	Tagessätze im Vgl. mit Mitbewerbern
2	Stundensatzvergleich	Stundensätze im Vgl. mit Mitbewerbern
3	Normkostenabweichung	Abweichung der IST-Kosten von Normkosten in %
4	Produktivität	Produktivität

W 4	Unser Wachstum beträgt plus 5 % Personaleinheit pro Jahr	
K/I-Nr.	*Name der Kennzahl/des Indikators:*	*Kennzahl/Indikator misst:*
1	Personalstand	Personal absolut
2	Personaleinheiten	Personaleinheiten
3	Personalwachstum	Veränderung der Personaleinheiten in % zur Vorperiode
4	Erlössteigerung	Veränderung der Erlöse in % zur Vorperiode

W 5	Die Kostendeckung jeder Organisationseinheit ist gegeben	
K/I-Nr.	*Name der Kennzahl/des Indikators:*	*Kennzahl/Indikator misst:*
1	Betriebsergebnis	Betriebsergebnis in €

M 1	Wir vermitteln verstärkt lebenspraktische Kompetenzen an Kinder, Jugendliche und Familien	
K/I-Nr.	*Name der Kennzahl/des Indikators:*	*Kennzahl/Indikator misst:*
1	Lebenspraktische Kompetenzen Fremdeinschätzung	Fremdeinschätzung der lebenspraktischen Kompetenzen
2	Lebenspraktische Kompetenzen Selbsteinschätzung	Selbsteinschätzung der lebenspraktischen Kompetenzen

M 2	Wir wollen mit unseren KlientInnen etwas für andere tun und uns an sozialen Projekten beteiligen	
K/I-Nr.	*Name der Kennzahl/des Indikators:*	*Kennzahl/Indikator misst:*
1	Durchgeführte soziale Projekte	Anzahl durchgeführter sozialer Projekte
2	Teilnehmer	Anzahl der TN an sozialen Projekten

M 3	Wir aktivieren Prozesse für das Gemeinwohl und generieren dadurch einen gesellschaftlichen Mehrwert	
K/I-Nr.	*Name der Kennzahl/des Indikators:*	*Kennzahl/Indikator misst:*
1	Aktivierte Gemeinwohlprozesse	Anzahl der Aktivitäten

M 4	Wir wollen unsere Angebote immer wieder erweitern und auf kreative und unkonventionelle Weise auch Zielgruppen gerecht werden, die bisher noch weniger Berücksichtigung fanden	
K/I-Nr.	*Name der Kennzahl/des Indikators:*	*Kennzahl/Indikator misst:*
1	Sonderkonzeptquote	Rel. Anteil an Klienten außerhalb bestehender Konzepte

M 5	Wir wollen Menschen dabei unterstützen, ihr volles menschliches Potenzial zu entwickeln. Dies umfasst die Hilfe zur Sicherung körperlicher Grundbedürfnisse, aber auch die Förderung der geistig-seelischen und sozialen Entwicklung	
K/I-Nr.	*Name der Kennzahl/des Indikators:*	*Kennzahl/Indikator misst:*
1	Zielerreichungsquote	Zielerreichung der gesetzten Interventionen bei Klienten
2	Wirkungsgrad	Wirkungsgrad der Betreuung nach 3 Jahren
3	Mitarbeiterzufriedenheit	Gesamtzufriedenheit der MA

Tabelle 6: Namen und Messdimensionen der Kennzahlen und Indikatoren

3.6.4.2 Messfrequenz und die Methode der Messung der Kennzahlen und Indikatoren

Die Messfrequenz und die Methode der Messung der Kennzahlen und Indikatoren zeigt die folgende Tabelle:

M-R-I 1	In der Personalplanung berücksichtigen wir auch die Lebensphasen unserer Mitarbeiter	
K/I-Nr.	*Messfrequenz*	*Methode der Messung:*
1	Jährlich	Σ Lebensjahre/Σ MA
2	Quartal	Zählen
3	Quartal	Zählen
4	Quartal	Σ Überstunden/Σ Planstunden x 100
5	Jährlich	Index aus MA-Befragung

M-R-I 2	Die verschiedenen Phasen der Beschäftigungsverhältnisse unserer Mitarbeiter werden bewusst gestaltet	
K/I-Nr.	*Messfrequenz*	*Methode der Messung:*
1	Jährlich	Σ Auflösungen AV innerhalb 6 Mon/Σ Einstellungen pa x 100
2	Jährlich	Anzahl interne Wechsel/Ø Anzahl MA x 100
3	Jährlich	Index aus MA-Befragung

M-R-I 3	Die Priorität der beruflichen Tätigkeit unserer Mitarbeiter liegt mit mindestens 30 Wochenstunden bei der Gemeinnützigen Organisation	
K/I-Nr.	*Messfrequenz*	*Methode der Messung:*
1	Jährlich	Zählen
2	Jährlich	Ø Anzahl MA < 30 h/Wo/Ø Anzahl MA x 100
3	Jährlich	Σ PE/Σ MA

M-R-I 4	Fort- und Weiterbildung dienen der Sicherung und Entwicklung unseres Leistungsangebotes und in weiterer Folge den persönlichen Bedürfnissen unserer Mitarbeiter	
K/I-Nr.	Messfrequenz	Methode der Messung:
1	Jährlich	Summen bilden
2	Jährlich	Σ Weiterbildungskosten/Ø Anzahl MA
3	Jährlich	Σ Weiterbildungsstunden/Ø Anzahl MA
4	Jährlich	Anzahl MA mit WB/Ø Anzahl MA x 100
5	Jährlich	Index aus MA-Befragung

M-R-I 5	Unsere materiellen Ressourcen entsprechen den aktuellen Anforderungen	
K/I-Nr.	Messfrequenz	Methode der Messung:
1	Jährlich	Σ Nutzfläche/Ø Anzahl MA
2	Jährlich	Σ Nutzfläche/PE
3	Jährlich	Σ Infrastrukturkosten/Σ Betreuungsstunden
4	Jährlich	Index aus MA-Befragung

P 1	Unser pädagogisches Handeln ist theoriegeleitet	
K/I-Nr.	Messfrequenz	Methode der Messung:
1	Jährlich	Nachfrage
2	Jährlich	Index aus MA-Befragung

P 2	Wir übernehmen Verantwortung, sorgen für klare Kompetenzen und handeln lösungs- und wertorientiert	
K/I-Nr.	Messfrequenz	Methode der Messung:
1	Jährlich	Überprüfung GF
2	Jährlich	Überprüfung GF
3	Jährlich	Nachfrage FK
4	Jährlich	Ø Anzahl Stellen/Ø Anzahl Stellenbeschreibungen x 100
5	Jährlich	Index aus MA-Befragung

P 3	Bei unseren Entwicklungs- und Entscheidungsprozessen sind die Bedürfnisse unserer Klienten und Auftraggeber berücksichtigt	
K/I-Nr.	*Messfrequenz*	*Methode der Messung:*
1	Jährlich	Zählen
2	Jährlich	Zählen
3	Jährlich	Zählen
4	Quartal	Zählen

P 4	Wir haben ein effizientes Besprechungswesen	
K/I-Nr.	*Messfrequenz*	*Methode der Messung:*
1	Jährlich	Messen
2	Jährlich	Index aus MA-Befragung

P 5	Wir haben ein zeitnahes und aussagekräftiges Berichts- und Dokumentationswesen	
K/I-Nr.	*Messfrequenz*	*Methode der Messung:*
1	Jährlich	Jährlich

P 6	Unser internes und externes Marketing erfolgt verantwortungsbewusst, zeitnah sowie zielgruppenspezifisch und weckt so Begeisterung	
K/I-Nr.	*Messfrequenz*	*Methode der Messung:*
1	Quartal	Überprüfung
2	Quartal	Überprüfung
3	Quartal	Überprüfung
4	Quartal	Zählen
5	Jährlich	Zählen
6	Jährlich	Zählen
7	Jährlich	Zählen
8	Jährlich	Zählen

P 7	Neue Ideen und Modellprojekte sind zügig, strukturiert und zielgerichtet in ausgereifte Leistungsangebote überführt und implementiert	
K/I-Nr.	*Messfrequenz*	*Methode der Messung:*
1	Jährlich	Zählen
2	Jährlich	Zählen
3	Jährlich	Schätzung BL
4	Jährlich	Σ Projekt-H/Σ Projekte
5	Jährlich	Überprüfung
6	Jährlich	Σ der Umsätze von 3 Jahren/Σ Projektkosten
7	Jährlich	Umsatz neuer Angebote/Gesamtumsatz x 100
8	Jährlich	Neue Angebote/Gesamtangebote x 100

K-P-L 1	Wir sind aktiver Teil der Sozialpädagogik in Oberösterreich	
K/I-Nr.	*Messfrequenz*	*Methode der Messung:*
1	Jährlich	Zählen
2	Jährlich	Zählen
3	Jährlich	Zählen
4	Jährlich	Zählen
5	Jährlich	Zählen

K-P-L 2	Die Zufriedenheit unserer Klienten und Auftraggeber ist hoch	
K/I-Nr.	*Messfrequenz*	*Methode der Messung:*
1	Jährlich	Index aus Klientenbefragung
2	Jährlich	Beantwortete Fragebögen/ausgegebene Fragebögen x 100
3	Jährlich	Σ Abbrüche/Σ Klienten x 100
4	Jährlich	Befragung
5	Jährlich	Umsatz Gemeinnützigen Organisation/ Umsatz Gesamtmarkt x 100

K-P-L 3	Wir sind ein attraktiver Arbeitgeber	
K/I-Nr.	*Messfrequenz*	*Methode der Messung:*
1	Jährlich	Zählen
2	Jährlich	Zählen
3	Jährlich	Zählen
4	Jährlich	Zählen
5	Jährlich	Zählen
6	Jährlich	Zählen
7	Jährlich	Zählen
8	Jährlich	Zählen
9	Monatlich	Zählen
10	Jährlich	Σ Krankenstandstage/jährliche Arbeitstage x 100
11	Jährlich	Σ Krankenstandstage/jährliche Arbeitstage
12	Jährlich	Σ Abgänge/Ø Anzahl MA x 100

K-P-L 4	Unsere Produkte und Leistungen sind wirkungsvoll, bedarfsgerecht und professionell	
K/I-Nr.	*Messfrequenz*	*Methode der Messung:*
1	Monatlich	Zählen
2	Monatlich	Zählen
3	Monatlich	Zählen
4	Monatlich	Genehmigte Stunden/verrechnete Stunden x 100
5	Monatlich	Zählen
6	Monatlich	Zählen
7	Monatlich	Genutzte Wohntage/mögliche Wohntage x 100
8	Monatlich	Zählen
9	Jährlich	Zählen (aus Bericht)
10	Jährlich	Zählen
11	Jährlich	Zählen
12	Jährlich	Neubeauftragungen/Laufende x 100

W 1	Das Kosten- und Erlösbewusstsein ist bei allen Mitarbeitern vorhanden	
K/I-Nr.	*Messfrequenz*	*Methode der Messung:*
1	Monatlich	IST-Stunden/PLAN-Stunden x 100
2	Monatlich	Σ Verrechenbare Stunden/Gesamtstunden x 100
3	Monatlich	Σ Sachkosten/Erlös x 100
4	Monatlich	Zählen
5	Monatlich	Σ nicht verrechenbare H/verrechenbare H x 100
6	Jährlich	Index aus MA-Befragung

W 2	Die Kosten für Innovation sind in der Budgetierung berücksichtigt	
K/I-Nr.	*Messfrequenz*	*Methode der Messung:*
1	Jährlich	Rechnen
2	Jährlich	Innovationkosten IST/Innovationkosten Plan x 100

W 3	Ein konkurrenzfähiges Preis-/Leistungsverhältnis ist bei allen Angeboten gesichert	
K/I-Nr.	*Messfrequenz*	*Methode der Messung:*
1	Jährlich	Benchmark
2	Jährlich	Benchmark
3	Jährlich	(IST-Kosten/Normkosten x 100) – 100
4	Jährlich	Erlöse/Ø Personaleinheiten

W 4	Unser Wachstum beträgt plus 5 % Personaleinheit pro Jahr	
K/I-Nr.	*Messfrequenz*	*Methode der Messung:*
1	Quartal	Zählen
2	Quartal	Zählen
3	Quartal	(PE aktuelle Periode/PE Vorperiode x 100) – 100
4	Quartal	(Erlöse akt. Periode/Erlöse Vorperiode x 100) – 100

W 5	Die Kostendeckung jeder Organisationseinheit ist gegeben	
K/I-Nr.	*Messfrequenz*	*Methode der Messung:*
1	Monatlich	Rechnen

M 1	Wir vermitteln verstärkt lebenspraktische Kompetenzen an Kinder, Jugendliche und Familien	
K/I-Nr.	*Messfrequenz*	*Methode der Messung:*
1	Jährlich	Statistikblatt
2	Jährlich	Klientenbefragung

M 2	Wir wollen mit unseren KlientInnen etwas für andere tun und uns an sozialen Projekten beteiligen	
K/I-Nr.	*Messfrequenz*	*Methode der Messung:*
1	Jährlich	Zählen
2	Je Projekt	Zählen

M 3	Wir aktivieren Prozesse für das Gemeinwohl und generieren dadurch einen gesellschaftlichen Mehrwert	
K/I-Nr.	*Messfrequenz*	*Methode der Messung:*
1	Jährlich	Zählen

M 4	Wir wollen unsere Angebote immer wieder erweitern und auf kreative und unkonventionelle Weise auch Zielgruppen gerecht werden, die bisher noch weniger Berücksichtigung fanden	
K/I-Nr.	*Messfrequenz*	*Methode der Messung:*
1	Jährlich	Σ Klienten außerhalb Konzepte/Σ Klienten x 100

M 5	Wir wollen Menschen dabei unterstützen, ihr volles menschliches Potenzial zu entwickeln. Dies umfasst die Hilfe zur Sicherung körperlicher Grundbedürfnisse, aber auch die Förderung der geistig-seelischen und sozialen Entwicklung	
K / I-Nr.	*Messfrequenz*	*Methode der Messung:*
1	Jährlich	Σ Klienten die Ziel erreicht haben/Σ Klienten x 100
2	Jährlich	Beauftragung FH
3	Jährlich	Index aus MA-Befragung

Tabelle 7: Messfrequenz und Messmethoden der Kennzahlen und Indikatoren

3.6.4.3 Verantwortlichkeiten der Erhebung der Kennzahlen und Indikatoren

Die Verantwortlichkeiten der Erhebung der Kennzahlen und Indikatoren zeigt die folgend Tabelle:

M-R-I 1	In der Personalplanung berücksichtigen wir auch die Lebensphasen unserer Mitarbeiter	
K / I-Nr.	*Name der Kennzahl / des Indikators*	*Verantwortlich für die Erhebung*
1	Alter der MA	PERS
2	Bildungskarenz	PERS
3	Kinderkarenz	PERS
4	Überstundenquote	PERS
5	Zufriedenheitsindex Lebensphasenberücksichtigung	Verantwortlicher MA-Befragung

M-R-I 2	Die verschiedenen Phasen der Beschäftigungsverhältnisse unserer Mitarbeiter werden bewusst gestaltet	
K / I-Nr.	*Name der Kennzahl / des Indikators*	*Verantwortlich für die Erhebung*
1	Frühfluktuationsquote	PERS
2	Interne Wechselquote	PERS
3	Zufriedenheitsindex Karrieremöglichkeiten	Verantwortlicher MA-Befragung

M-R-I 3	Die Priorität der beruflichen Tätigkeit unserer Mitarbeiter liegt mit mindestens 30 Wochenstunden bei der Gemeinnützigen Organisation	
K/I-Nr.	Name der Kennzahl/des Indikators	Verantwortlich für die Erhebung
1	Mindestwochenstunden	PERS
2	Mindestwochenstunden-quote	PERS
3	Beschäftigungsausmaß	PERS

M-R-I 4	Fort- und Weiterbildung dienen der Sicherung und Entwicklung unseres Leistungsangebotes und in weiterer Folge den persönlichen Bedürfnissen unserer Mitarbeiter	
K/I-Nr.	Name der Kennzahl/des Indikators	Verantwortlich für die Erhebung
1	Weiterbildungskosten	KoRe
2	Weiterbildungskosten je MA	KoRe
3	Weiterbildungsstunden je MA	KoRe
4	Weiterbildungsquote	PERS
5	Zufriedenheitsindex Weiterbildungskatalog	Verantwortlicher MA-Befragung

M-R-I 5	Unsere materiellen Ressourcen entsprechen den aktuellen Anforderungen	
K/I-Nr.	Name der Kennzahl/des Indikators	Verantwortlich für die Erhebung
1	Nutzfläche Mitarbeiter	DM
2	Nutzfläche Personaleinheit	DM
3	Infrastrukturquote	CO
4	Zufriedenheitsindex Ressourcen	Verantwortlicher MA-Befragung

P 1	Unser pädagogisches Handeln ist theoriegeleitet	
K/I-Nr.	*Name der Kennzahl/des Indikators*	*Verantwortlich für die Erhebung*
1	Konzeptverzeichnis	FS
2	Pädagogische Theoriesicherheit	Verantwortlicher MA-Befragung

P 2	Wir übernehmen Verantwortung, sorgen für klare Kompetenzen und handeln lösungs- und wertorientiert	
K/I-Nr.	*Name der Kennzahl/des Indikators*	*Verantwortlich für die Erhebung*
1	Leitbildaktualität	Gesellschafter
2	Organigrammaktualität	GF
3	Leitbild- und Organisationskenntnis	GF
4	Stellenbeschreibungen	PERS
5	Mitarbeiterengagement	Verantwortlicher MA-Befragung

P 3	Bei unseren Entwicklungs- und Entscheidungsprozessen sind die Bedürfnisse unserer Klienten und Auftraggeber berücksichtigt	
K/I-Nr.	*Name der Kennzahl/des Indikators*	*Verantwortlich für die Erhebung*
1	Klientenorientierung 1	FS
2	Klientenorientierung 2	FS
3	Auftraggeberorientierung	FS
4	Verweildauer	CO

P 4	Wir haben ein effizientes Besprechungswesen	
K/I-Nr.	*Name der Kennzahl/des Indikators*	*Verantwortlich für die Erhebung*
1	Interne Besprechungszeiten	DM
2	Besprechungsstrukturzufriedenheit	Verantwortlicher MA-Befragung

P 5	Wir haben ein zeitnahes und aussagekräftiges Berichts- und Dokumentationswesen	
K/I-Nr.	*Name der Kennzahl/des Indikators*	*Verantwortlich für die Erhebung*
1	Berichts- u. Dokumentationseffektivität	FS

P 6	Unser internes und externes Marketing erfolgt verantwortungsbewusst, zeitnah sowie zielgruppenspezifisch und weckt so Begeisterung	
K/I-Nr.	*Name der Kennzahl/des Indikators*	*Verantwortlich für die Erhebung*
1	Homepageaktualität	IKM
2	Intranetaktualität	IKM
3	Datenbankaktualität	GF
4	Homepagebesuche	IKM
5	Externe Marketingaktionen	IKM
6	Presseaussendungen	IKM
7	Externe Angebotskommunikation	IKM
8	Interne Angebotskommunikation	IKM

P 7	Neue Ideen und Modellprojekte sind zügig, strukturiert und zielgerichtet in ausgereifte Leistungsangebote überführt und implementiert	
K/I-Nr.	*Name der Kennzahl/des Indikators*	*Verantwortlich für die Erhebung*
1	Neue Angebote	FS
2	Aktuelle Projekte	FS
3	Forschung und Entwicklung – Stunden	DM
4	Projektdauer	DM
5	Umsetzung des Projektplans	FS
6	Projekt-ROI	KoRe
7	Projektumsatzquote	KoRe
8	Innovationsquote	KoRe

K-P-L 1	Wir sind aktiver Teil der Sozialpädagogik in Oberösterreich	
K/I-Nr.	*Name der Kennzahl/des Indikators*	*Verantwortlich für die Erhebung*
1	Lehraufträge	GF
2	Publikationen	GF
3	Sozialpolitische Aktivitäten	GF
4	Arbeitstreffen	GF
5	Gremienpräsenz	GF

K-P-L 2	Die Zufriedenheit unserer Klienten und Auftraggeber ist hoch	
K/I-Nr.	*Name der Kennzahl/des Indikators*	*Verantwortlich für die Erhebung*
1	Klientenzufriedenheit	FS
2	Klientenbefragungs-Rücklaufquote	FS
3	Abbruchquote	FS
4	Auftraggeberzufriedenheit	GF
5	Marktanteil	CO

K-P-L 3	Wir sind ein attraktiver Arbeitgeber	
K/I-Nr.	*Name der Kennzahl/des Indikators*	*Verantwortlich für die Erhebung*
1	Anfragen für Praktika	PERS
2	Initiativbewerbungen	PERS
3	Bewerbungen pro Stellenausschreibung	PERS
4	Neuanstellungen	PERS
5	Einvernehmliche Auflösung	PERS
6	Kündigungen durch Mitarbeiter (Arbeitnehmer, Dienstnehmer = DN)	PERS
7	Kündigungen durch Organisation (Arbeitgeber, Dienstgeber = DG)	PERS
8	Entlassungen (fristlose)	PERS
9	Krankenstände	PERS
10	Krankenstandquote	PERS
11	Beschäftigungsdauer	PERS
12	Fluktuationsrate	PERS

K-P-L 4	Unsere Produkte und Leistungen sind wirkungsvoll, bedarfsgerecht und professionell	
K/I-Nr.	*Name der Kennzahl/des Indikators*	*Verantwortlich für die Erhebung*
1	Mobile Betreuungen	DM
2	Genehmigte Stunden	DM
3	Verrechnete Stunden	DM
4	Ausschöpfungsgrad	DM
5	Potentielle Wohntage	DM

6	Genutzte Wohntage	DM
7	Auslastung	DM
8	Sonderbetreuungsmaßnahmen	GF
9	Zielerreichungsgrad	FS
10	Klienten außerhalb bestehender Konzepte	GF
11	Neue Betreuungen	CO
12	Neubeauftragungsquote	CO

W 1	Das Kosten- und Erlösbewusstsein ist bei allen Mitarbeitern vorhanden	
K/I-Nr.	*Name der Kennzahl/des Indikators*	*Verantwortlich für die Erhebung*
1	Planstundenquote	KoRe
2	Verrechnungsstundenquote	KoRe
3	Verbrauchsmaterialquote	KoRe
4	Reisekostendefizit	KoRe
5	Reisekostendefizitquote	KoRe
6	Kostenbewusstsein	Verantwortlicher MA-Befragung

W 2	Die Kosten für Innovation sind in der Budgetierung berücksichtigt	
K/I-Nr.	*Name der Kennzahl/des Indikators*	*Verantwortlich für die Erhebung*
1	Innovationsbudget	CO
2	Innovationsbudgetnutzung	CO

W 3	Ein konkurrenzfähiges Preis-/Leistungsverhältnis ist bei allen Angeboten gesichert	
K/I-Nr.	*Name der Kennzahl/des Indikators*	*Verantwortlich für die Erhebung*
1	Tagsatzvergleich	CO
2	Stundensatzvergleich	CO
3	Normkostenabweichung	CO
4	Produktivität	CO

W 4	Unser Wachstum beträgt plus 5 % Personaleinheit pro Jahr	
K/I-Nr.	*Name der Kennzahl/des Indikators*	*Verantwortlich für die Erhebung*
1	Personalstand	PERS
2	Personaleinheiten	PERS
3	Personalwachstum	PERS
4	Erlössteigerung	CO

W 5	Die Kostendeckung jeder Organisationseinheit ist gegeben	
K/I-Nr.	*Name der Kennzahl/des Indikators*	*Verantwortlich für die Erhebung*
1	Betriebsergebnis	CO

M 1	Wir vermitteln verstärkt lebenspraktische Kompetenzen an Kinder, Jugendliche und Familien	
K/I-Nr.	*Name der Kennzahl/des Indikators*	*Verantwortlich für die Erhebung*
1	Lebenspraktische Kompetenzen Fremdeinschätzung	FS
2	Lebenspraktische Kompetenzen Selbsteinschätzung	FS

M 2	Wir wollen mit unseren KlientInnen etwas für andere tun und uns an sozialen Projekten beteiligen	
K/I-Nr.	*Name der Kennzahl/des Indikators*	*Verantwortlich für die Erhebung*
1	Durchgeführte soziale Projekte	GF
2	Teilnehmer	GF

M 3	Wir aktivieren Prozesse für das Gemeinwohl und generieren dadurch einen gesellschaftliche Mehrwert	
K/I-Nr.	*Name der Kennzahl/des Indikators*	*Verantwortlich für die Erhebung*
1	Aktivierte Gemeinwohlpro- zesse	GF

M 4	Wir wollen unsere Angebote immer wieder erweitern und auf kreative und unkonventionelle Weise auch Zielgruppen gerecht werden, die bisher noch weniger Berücksichtigung fanden	
K/I-Nr.	*Name der Kennzahl/des Indikators*	*Verantwortlich für die Erhebung*
1	Sonderkonzeptquote	GF

M 5	Wir wollen Menschen dabei unterstützen, ihr volles menschli- ches Potenzial zu entwickeln. Dies umfasst die Hilfe zur Siche- rung körperlicher Grundbedürfnisse, aber auch die Förderung der geistig-seelischen und sozialen Entwicklung	
K/I-Nr.	*Name der Kennzahl/des Indikators*	*Verantwortlich für die Erhebung*
1	Zielerreichungsquote	FS
2	Wirkungsgrad	FS
3	Mitarbeiterzufriedenheit	Verantwortlicher MA-Befra- gung

Tabelle 8: Verantwortlichkeiten der Erhebung der Kennzahlen und Indikatoren

3.6.5 Weiterer Gewinn für die Gemeinnützige Organisation

Über die Erstellung eines eigenen PM-Systems hinaus bzw. während des Entwicklungsprozesses gab es weitere für Organisation und Mitarbeitende positive Ergebnisse:

- Schaffung einer hohen Transparenz und Klarheit durch Reflexion der gelebten und vermittelten Werthaltungen sowie der strategischen Ausrichtung

- Konsequente Einbeziehung der Mitarbeiter führte zur Gewöhnung an den neuen, durch das PM-System vorgegebenen Handlungsrahmen. Dieses Single-Loop-Learning trägt zur Fehlervermeidung in der Leistungserstellung bei.

- Die zukünftigen Strategiereviews ermöglichen durch Double-Loop-Learning, dass die Planungsprämissen klar erkannt und so Planungsfehler vermieden werden.

Auch führte der Entwicklungsprozess

- zu einer jährlichen standardisierten Mitarbeiterbefragung,

- zur Organisation des Wissens durch Strukturierung der vorhandenen Wissensbasis,

- zu Überlegungen zu einer Evaluierung der Maßnahmen für Jugendliche mittels einer Social-Media-Plattform,

- zur Optimierung einzelner Arbeitsabläufe in der Organisation.

3.7 Vorteile des Balanced Performance Reports gegenüber der Balanced Scorecard

Wie bereits dargestellt und hier noch einmal kurz zusammengefasst: Das hier vorgestellte Performance Measurement System folgt zwar dem formalen Denkraster und der Architektur einer Balanced Scorecard, unterscheidet sich aber hinsichtlich seiner Entwicklung und Strategieverfolgung.

Die Vorteile, welche die Balanced Scorecard als wirkungsorientiertes, strategisches Steuerungsinstrument für Social-Profit-Organisationen aufweist, werden auch im Balanced Performance Report berücksichtigt. Auch hier werden quantitative und qualitative Ergebniskennzahlen und Leistungstreiber aus verschiedenen, organisations- und stakeholderrelevanten Perspektiven betrachtet,

116

sowie die Ursache-Wirkungsbeziehungen in einem Wirkungsgefüge dargestellt.

Wie bei einer Balanced Scorecard sind auch beim Balanced Performance Report die Mission und Vision der Ausgangspunkt der Entwicklung. Im Gegensatz zur Balanced Scorecard werden hier aber nicht allgemein formulierte Strategien von der Führungsebene (top-down Planung) definiert. Aufgrund der konsequenten Einbeziehung der Mitarbeiter und Überprüfung der Ziele durch diese nach Umsetzbarkeit innerhalb der einzelnen Geschäftsfelder (Gegenstromverfahren) werden bereits konkrete strategische Teilziele definiert.

Der Vorteil dieses Vorgehens liegt darin, dass konkrete strategische Teilziele langfristig im System verankert bleiben können, während die allgemein formulierten Strategien einer Balanced Scorecard einer laufenden Aktualisierung unterliegen müssen.

Weitere Vorteile sind in der durch das transparente Gegenstromverfahren gesicherten Akzeptanz der Ziele und der besseren Verständlichkeit von konkreten Zielformulierungen bei den Mitarbeitern zu sehen.

Um die Strategieverfolgung zu ermöglichen, müssen bei einer Balanced Scorecard die Maßnahmen, die zur Umsetzung der Strategien führen sollen, a priori definiert werden. Dadurch können letztlich, im Fall einer ungünstigen Budgetsituation oder einer nicht adäquaten Maßnahme, strategische Ziele nicht weiterverfolgt werden. Dadurch kann aber das Wirkungsgefüge unterbrochen und irrelevant werden.

Im Balanced Performance Report wird der gänzliche Wegfall einer Strategie dadurch verhindert, dass die Maßnahmen, die zur Zielerreichung definiert werden, auf die strategischen Teilziele bezogen sind und deren Wirkungsgefüge dargestellt wird. Abhängig von den gesetzten Prioritäten und finanziellen Ressourcen der Organisation können nun Maßnahmen gesetzt oder nicht gesetzt werden – ohne das Ordnungssystem neu gestalten zu müssen, die Logik des Wirkungsgefüges zu stören oder den gänzlichen Wegfall einer Strategie zu riskieren.

Ein weiterer, maßgeblicher Vorteil des Balanced Performance Reports ist die Verfolgung der Leistungswirkung durch alle Perspektiven. Während bisherige Ansätze zur Leistungswirkungsmessung, sofern sie diese überhaupt berücksichtigen, dafür die Balanced Scorecard um eine eigene Perspektive additiv oder durch Splitten der Kundenperspektive erweitern, werden hier die Leistungswirkungen integrativ in allen organisations- und stakeholderrelevanten Perspektiven betrachtet.

Darüber hinaus bietet der Balanced Performance Report mehr Informationen als es die „twenty is plenty-Regel" der Balanced Scorecard erlaubt. Eine Doppelgleisigkeit im Berichtswesen wird dadurch verhindert.

So ermöglicht der Balanced Performance Report einerseits hohe Flexibilität um auf veränderte Umwelt- und Organisationsbedingungen reagieren zu können. Andererseits bietet er einen sehr stabilen und langfristigen Ordnungs- und Orientierungsrahmen, welcher mögliche Verunsicherungen der Mitarbeiter, bedingt durch notwendige Veränderung der inhaltlichen Zielvorgaben vermeidet.

Bedingt durch den langfristigen, stabilen Ordnungsrahmen ist ein regelmäßiger Strategie-Review mit geringerem Energie- und Kostenaufwand durchführbar. Auch dies sichert die langfristige Nutzung dieses Performance Measurement Systems und steigert so seine Praxisrelevanz.

Die Bezeichnung **Balanced Performance Report** (BPR) ist daher Programm: er soll auf die konsequente Ausrichtung an die Erfordernisse einer ausgewogenen Betrachtung hinsichtlich

- quantitativer sowie qualitativer Ergebniskennzahlen und Leistungstreibern
- von strategischen Teilzielen in organisations- und stakeholderrelevanten Perspektiven
- unter Einbeziehung praxisrelevanter Leistungswirkungsmessung

verweisen.

Um den Nutzen dieses Performance Measurement Systems auch nachhaltig in der Organisation generieren zu können, müssen folgende Schritte zur Umsetzung und Anwendung beachtet werden:

Next Steps

- Definition der Zielwerte der strategischen Teilziele co-kreativ zwischen Führungsebene und Mitarbeitern (Gegenstromverfahren)
- Herunterbrechen der definierten Zielwerte auf untergeordnete Organisationseinheiten
- Festlegen von Aktionen, Maßnahmen und deren Verantwortliche zur Teilzielerreichung unter Berücksichtigung der jeweiligen Prioritäten und gegebenen finanziellen Mitteln
- Kommunikation des Performance Measurement Systems in Form des Balanced Performance Reports an alle Mitarbeiter
- Sicherstellung des kontinuierlichen Einsatzes des Balanced Performance Reports durch Integration der neuen Kennzahlen und Indikatoren in die bestehenden Systeme der Steuerung, Planung und des Berichtswesens
- Abhaltung von regelmäßigen Reviews, um einerseits die Zielerreichung der gewählten Aktionen und Maßnahmen zu hinterfragen und andererseits die Ursache-Wirkungs-Zusammenhänge der strategischen Teilziele zu reflektieren

„Cui bono?"

(Marcus Tullius Cicero)

4. Nutzen und Grenzen wirkungsorientierter Leistungsmessung

Der Nutzen von wirkungsorientierter Leistungsmessung wird von Social-Profit-Organisationen vor allem darin gesehen, sich einerseits gegenüber externen Stakeholdern rechtfertigen zu können und andererseits die Mission der Organisation intern zu überprüfen.

Die Grenzen der wirkungsorientierten Leistungsmessung können im hohen Aufwand, der unklaren Zieldefinition und der Schwierigkeit der Ermittlung verortet werden.

Vor allem für kleine und mittlere Social-Profit-Organisationen stellt der hohe Aufwand, der nicht in Relation zur Organisationsgröße steht, eine Grenze dar. Im Besonderen dann, wenn die Social-Profit-Organisation von mehreren Kostenträgern finanziert wird.

Des Weiteren stellt die Frage, was eigentlich gemessen werden soll, sowie die fehlende allgemein anerkannte Definition von Wirkung eine große Herausforderung dar.

Eine weitere Grenze liegt in der Datenerhebung begründet. Die Schwierigkeit das „Soziale" der Dienstleistungen zu erfassen, sowie die schwer vereinheitlichbaren Problemsituationen der Klienten vor Leistungserbringung, die Schwierigkeit der Datenerhebung von Klienten nach Verlassen der Maßnahmen und das Problem der Nichtbefragbarkeit mancher Zielgruppen stellen Social-Profit-Organisationen vor große Herausforderungen, die die Unterstützung durch externe Unternehmensberatungen bedingt und dadurch den Aufwand weiter erhöht.

Es besteht die Befürchtung, dass durch die aktuellen Ansätze der Leistungswirkungsmessung der Kostenträger als der wichtigste Stakeholder betrachtet wird und so die Bedürfnisse der Leistungsempfänger in den Hintergrund treten.

Auch kann nicht ausgeschlossen werden, dass die Leistungswirkungsmessung missbraucht wird. Sofern sie ein „first mover-Thema" wird, wird sie zum Machtthema und kann zu einem verstärkten Verdrängungswettbewerb führen.

Die angeführten Argumente basieren auf der Ausrichtung der Leistungswirkungsmessung an der Outcome-Messung.

Hinsichtlich der Leistungswirkungsmessung scheint jedoch meines Erachtens eine Konzentration der Social-Profit-Organisationen auf Impact- und Effektmessungen sinnvoll.

Ob eine von der öffentlichen Hand finanzierte Sozialleistung grundsätzlich angeboten oder nicht angeboten wird, scheint mir in erster Linie eine politische Entscheidung zu sein. Eine Outcome-Messung kann dazu dienen eine solche Entscheidung gegenüber den Steuerzahlern und anderen politischen Akteuren zu rechtfertigen. Sie sollte daher von den politisch verantwortlichen Institutionen oder von den Kostenträgern durchgeführt werden.

Die Konzentration der Social-Profit-Organisationen auf Impact- und Effektmessungen scheint mir auch deshalb sinnvoll, weil bisher keine, für die unterschiedlichen Social-Profit-Organisationen geeigneten Kennzahlen und Indikatoren der Outcome-Messung definiert und standardisiert wurden und mögliche Instrumente, wie der Social Return on Investment, aufgrund ihres Arbeitsaufwandes kleine und mittlere Organisationen benachteiligen.

Im hier vorgestellten Balanced Performance Report wurde nun der Versuch unternommen, die Defizite der bisherig verwendeten Performance Measurement Systeme zu kompensieren und damit für Social-Profit-Organisationen ein praxisrelevantes, wirkungsorientiertes Performance Measurement System zu ermöglichen.

Abschließend möchte ich anmerken, dass bei aller, für die Kostenträger nötigen Effizienz die Effektivität der Leistungen, welche von Social-Profit-Organisationen erbracht werden, nicht aus den Augen verloren werden darf. Denn wie schon Protagoras bemerkte:

„Der Mensch ist das Maß aller Dinge."

„Es wird selten so viel gemessen
wie im Gesundheitssystem, und selten
haben sie so viel Misswirtschaft"

(Interviewte Person)

5. Handlungsempfehlungen für die Entwicklung von wirkungsorientierten Performance Measurement Systemen

Hinsichtlich der einleitend erwähnten Herausforderungen durch die veränderten Rahmenbedingungen scheint die Implementierung eines Performance Measurement Systems zur Analyse, Planung und Steuerung der Organisation auch für Social-Profit-Organisationen unumgänglich.

Dieses System muss die Ausgewogenheit von finanziellen und nicht-finanziellen Kennzahlen und Indikatoren, die enge Koppelung von strategischer und operativer Planung sowie die organisationsspezifische Stakeholderorientierung ermöglichen.

Darüber hinaus muss diesem System die Integration von Indikatoren, welche die Leistungswirkungen darstellen, gelingen.

Unabhängig von der Organisationsgröße sollten Social-Profit-Organisationen organisationsrelevante Leistungswirkungsindikatoren definieren, um ihre Sachzielerreichung und Stakeholderzufriedenheit zu sichern. Daher muss geklärt werden, was gemessen werden soll. Hierbei scheint es zielführend, einen partnerschaftlichen Dialog mit Mitbewerbern und Kostenträgern zu suchen. Das Ziel dieses Dialoges sollte, in einem ersten Schritt, die Einigung auf dienstleistungsrelevante Leistungswirkungsindikatoren und, in einem zweiten Schritt, die Standardisierung der Methoden der Messung sein, um so Benchmarking zu ermöglichen. Sofern dieser Dialog nicht gefunden werden kann, sollten die Social-Profit-Organisationen die Kriterien der Leistungswirkung organisationsrelevant selbst definieren.

Bei der Definition der Leistungswirkungsindikatoren sollten Impact und Effect, vor allem auch bei den internen Stakeholdern, priorisiert werden, da der Outcome nach meiner Ansicht weder stringent auf nur eine leistungserbringende Organisation zurückgeführt, noch Korrelationen mit organisationsexternen Faktoren ausgeschlossen werden können, vor allem aber die Messung des Outcomes für viele Social-Profit-Organisationen zu ressourcenintensiv scheint.

Bei der Entwicklung des Performance Measurement Systems und der Identifikation der Kennzahlen und Indikatoren müssen die Mitarbeiter in den Diskurs mit einbezogen werden, um einerseits ihr umfangreiches operatives Wissen einzubringen und andererseits ihr Commitment sicherzustellen.

Hinsichtlich der, vor allem für kleine und mittlere Social-Profit-Organisationen, geringen Praxisrelevanz von Balanced Scorecard, EFQM und SROI sehen sich diese nun durch die eingangs beschriebenen veränderten Rahmenbedingungen vor die Herausforderung gestellt, unter hohem Ressourceneinsatz eigene Performance Measurement Systeme zu entwickeln.

Hierbei kann der Balanced Performance Report durch seinen methodischen Rahmen eine Alternative darstellen.

Literaturverzeichnis

Atteslander, Peter (2010): Methoden der empirischen Sozialforschung, 13., neu bearb. und erw. Auflage, Berlin: Erich Schmidt.

Bergmann, Gustav/Daub, Jürgen (2012).: Dienstleistungsproduktivität – Vom Messen des Unmessbaren, in: Controllermagazin, Heft 1, S. 16–21.

Bono, Maria Laura (2006): NPO-Controlling. Professionelle Steuerung sozialer Dienstleistungen, Stuttgart: Schäffer-Poeschel.

Bono, Maria Laura (2010): Performance Management in NPOs. Steuerung im Dienste sozialer Ziele, Baden-Baden: Nomos.

Ehrmann, Harald (2006): Kompakt-Training. Strategische Planung, Ludwigshafen: Kiehl.

Fischer, Dirk (2009): Controlling. Balanced Scorecard, Kennzahlen, Prozess- und Risikomanagement, München: Vahlen.

Gaudiani, Claire (2007): Let's Put the Word ‚Nonprofit' Out of Business, in: The Chronicle of Philanthropy 6, http://philan-thropy.com/article/Lets-Put-the-Word-Nonprofit/55354/, (letzter Zugriff: 23.09.2012).

Gladen, Werner (2014): Performance Measurement. Controlling mit Kennzahlen, 6., überarbeitete Auflage, Wiesbaden: Springer Gabler.

Greiling, Dorothea (2009): Performance Measurement in Nonprofit-Organisationen, Wiesbaden: Gabler.

Gruber, Paul et al.: WOV 2021 – Konzept, Erreichtes, Ausblick, http://www.land-oberoesterreich.gv.at/cps/rde/xbcr/ooe/WOV-Artikel_fuer_KDZ.pdf (letzter Zugriff: 28. April 2014).

Haddad, Tarek (2003): Balanced Scorecard, in: Eschenbach, Rolf/Horak, Christian, Führung der Nonprofit Organisation. Bewährte Instrumente im praktischen Einsatz, 2. überarbeitete und erweiterte Auflage, Stuttgart: Schäffer-Poeschel.

Halfar, Bernd (2010): Wirkungsorientiertes NPO-Controlling. Leitlinien zur Zielfindung, Planung und Steuerung in gemeinnützigen Organisationen, im Auftrag der International Group of Consulting, Freiburg/Berlin/München: Haufe.

Henning, Alexander (2010): 100 Kennzahlen der Balanced Scorecard, Wiesbaden: cometis.

Horak, Christian/Speckbacher, Gerhard (2013): Ziele und Strategien von NPOs. In: Badelt, Christoph et al. (Hrsg.): Handbuch der Nonprofit Organisation. Strukturen und Management, S.159–182, 5. Auflage, Stuttgart: Schäffer-Poeschel.

Horváth & Partners (2009): Das Controllingkonzept. Der Weg zu einem wirkungsvollen Controllingsystem, 7. Auflage, München: Beck.

Hufnagl, Wolfgang (2008): Die Balanced Scorecard zur Steuerung von For- und Non-Profit Organisationen, Hamburg: Diplomica® Verlag.

Jossé, Germann (2005): Balanced Scorecard. Ziele und Strategien messbar umsetzen, München: Beck.

Kaplan, Robert S./Norton, David P. (1992): The Balanced Scorecard – Measures that Drive Performance, in: Harvard Business Review, Januar – Februar, S. 71–79.

Kaplan, Robert S./Norton, David P. (1997): Balanced Scorecard. Strategien erfolgreich umsetzen, Stuttgart: Schäffer-Poeschel.

Klingebiel, Norbert (2001): Performance Measurement & Balanced Scorecard, München: Vahlen.

Külpmann, Bernd (2006): Kennzahlen im Betrieb. Wichtige Werte im Wettbewerb, Berlin: Cornelsen.

Macsenaere, Michael (2017): Was wirkt in den Hilfen zur Erziehung? Berlin Heidelberg: Springer Verlag

Maelicke, Bernd (2006): Kreativitätsmanagement in der Sozialwirtschaft, München: Luchterhand.

Mayr, Horst O. (2006): Interview und schriftliche Befragung. Entwicklung, Durchführung und Auswertung, 2., verbesserte Auflage, München: Oldenbourg

Mayring, Philipp (2000): Qualitative Inhaltsanalyse, in: FQS Forum: Qualitative Sozialforschung Social Research, Volume 1, No 2, Art. 20.

Mayring, Philipp (2008): Qualitative Inhaltsanalyse: Grundlagen und Techniken, 10., neu ausgestattete Auflage, Weinheim: Beltz.

Niven, Paul R. (2003a): Balanced Scorecard step-by-step for government and not-for-profit agencies, Hoboken New Jersey: Wiley.

Niven, Paul R. (2003b): Balanced Scorecard – Schritt für Schritt. Einführung, Anpassung und Aktualisierung, Weinheim: Wiley.

Paul, Herbert/Wollny, Volrad (2011): Instrumente des strategischen Managements. Grundlagen und Anwendung, München: Oldenbourg.

Prinz, Thomas (2015): Steuerung sozialer Dienstleistungen mittels Wirkungsprozessketten. In: Wüthrich, Bernadette et al. (Hrsg.): Soziale Versorgung zukunftsfähig gestalten, S. 371–378, Wiesbaden: Springer Fachmedien.

Schaltegger, Stefan/Dyllick, Thomas (Hrsg.) (2002): Nachhaltig managen mit der Balanced Scorecard. Konzepte und Fallstudien, Wiesbaden: Gabler.

Scherer, Andreas G. (2002): Besonderheiten der strategischen Steuerung in Öffentlichen Institutionen und der Beitrag der Balanced Scorecard. In: Scherer, Andreas G. (Hrsg.): Balanced Scorecard in Verwaltung und Non-Profit-Organisationen, S. 3–26, Stuttgart: Schäffer-Poeschel.

Stoll, Bettina (2013): Balanced Scorecard für Soziale Organisationen. Qualität und Management durch strategische Steuerung, 3., aktualisierte Auflage, Regensburg: Walhalla Fachverlag.

Stötzer, Sandra (2009): Stakeholder Performance Reporting von Nonprofit-Organisationen. Grundlagen und Empfehlungen für die Leistungsbericht-erstattung als stakeholderorientiertes Steuerungs- und Rechenschafts-legungsinstrument, Wiesbaden: Gabler.

Wiess, Martin et al. (2008): Performance Measurement Systeme und ihre Anwendung in der Praxis. Ergebnisse empirischer Studien, in: Controlling, Heft 3, S. 139–147.

Stichwortverzeichnis